EFFLORAISON

Dessins

Alice Mei Lan

Copyright © 2022, 2025 Éditions Pégousette
Couverture : Les couleurs de l'été (AML, 2017)
Tous droits réservés.
ISBN : 9798835247394

ALICE MEI LAN

Tous les ouvrages d'Alice Mei Lan sont sur Amazon.fr

https://www.amazon.fr/stores/author/B01MSESGXZ/

Brochés, reliés, ebook

Poésies
Textes poétiques
Historiettes
Essais et roman
Dessins

EFFLORAISON

iv

ALICE MEI LAN

DÉDICACE

À mon père, Jean †. Je l'ai toujours vu dessiner, peindre, écrire et faire des tas de choses artistiques ou non. Il a su me transmettre ses passions depuis que je suis enfant.
À mon Tichane...

EFFLORAISON

ALICE MEI LAN

TABLE DES MATIÈRES

POUR COMMENCER 1

AUTOPORTRAIT 1 3

AUTOPORTRAIT 2 5

AUTOPORTRAIT 3 7

LE HURLEUR 9

MASQUE DE CARNAVAL 11

L'HOMME AUX LÈVRES BLEUES 13

LA FEMME AUX CHEVEUX BLEUS 15

ELLE, NUE… 17

NU 1 19

NU 2 21

SA BELLE, NUE 23

DE DOS 25

TRIO DE VISAGES 27

DANSE AVEC LUI 29

LA FEMME À LA CHEMISE BOUFFANTE 31

ILS AVANCENT MASQUÉS SOUS LES ÉTOILES NOIRES 33

EFFLORAISON

ILS COURENT	35
MORCELLEMENT 1	37
MORCELLEMENT 2	39
LA MAIN DE DIEU	41
LA RÉUNION DES CŒURS	43
ABSTRAIT COLORS	45
LES COULEURS DE L'ÉTÉ	47
TROU NOIR	49
ABSTRAIT TAPISSERIE	51
LA PORTE DU SALUT	53
ÉCLOSION	55
ÉCLOSION DE COURBES	57
ÉCLOSION DE DOUCEURS	59
ÉCLOSION DE SPIRALES	61
ÉCLOSION D'UN ŒUF	63
LÉVITATION D'UN ŒUF ÉCLOS	65
PARFUM 1	67
PARFUM 2	69
POUR FINIR...	71

LISTE DES DESSINS ET TECHNIQUES 73

À PROPOS DE L'AUTEUR 75

EFFLORAISON

x

PRÉFACE

J'aime les visages qui ne sont pas réalistes et les corps aux formes inattendues, quelquefois nus. J'aime aussi les couleurs et les configurations abstraites épaisses ou fines de différentes tailles qui éclosent au hasard d'une inspiration graphique. J'aime enfin les écrits ou textes poétiques qui les accompagnent.

Alice Mei Lan

EFFLORAISON

ALICE MEI LAN

POUR COMMENCER

Des dessins aux feutres, pastels secs et bâtonnets d'encre abstraits (tapisserie, couleurs), des éclosions (de courbes, de spirales, etc.), des visages et des corps nus ou morcelés. Une effloraison de dessins réelle, puissante et non éphémère. Et des mots pour en parler.

Le soir à la lueur des bougies.
Son visage se détourne
des larges feuilles rougeâtres
pour regarder la nuit
avant qu'elle ne s'efface.

ALICE MEI LAN

AUTOPORTRAIT 1

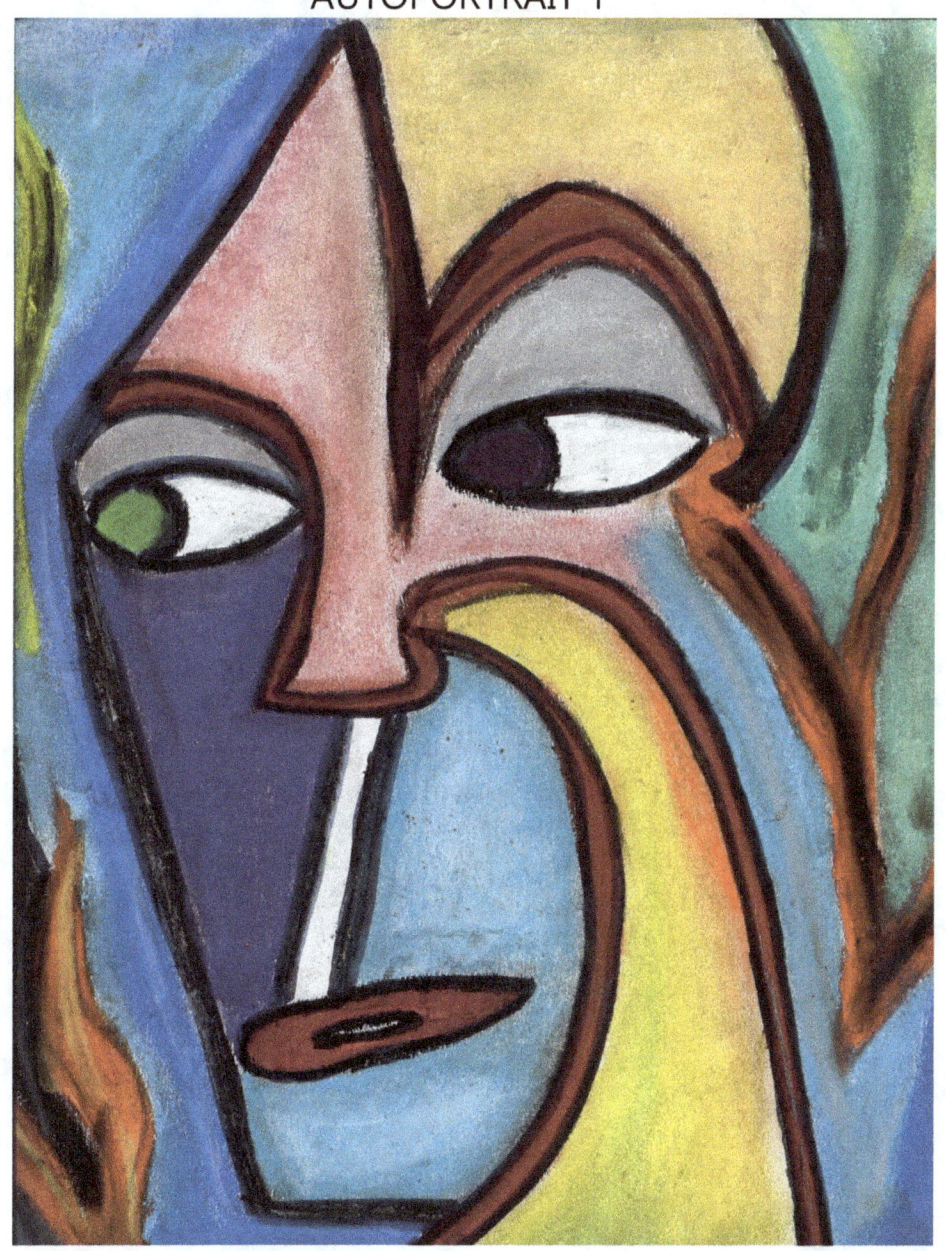

Un souffle de vent frais
sur un visage souriant
devient bise dans la vie.

ALICE MEI LAN

AUTOPORTRAIT 2

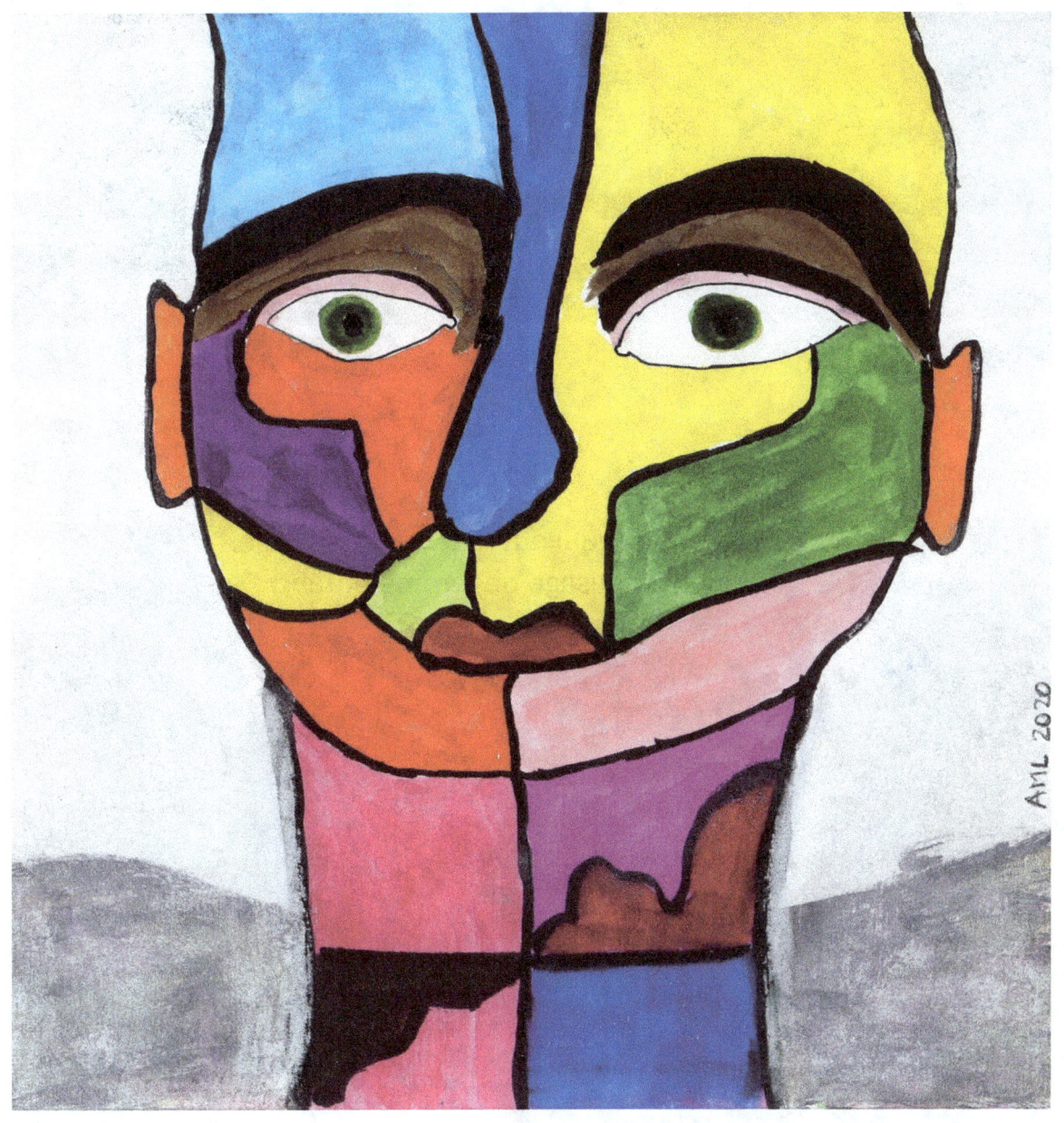

C'est ainsi qu'il ouvrit les yeux sur elle.
Sur son visage de femme enfant.

ALICE MEI LAN

AUTOPORTRAIT 3

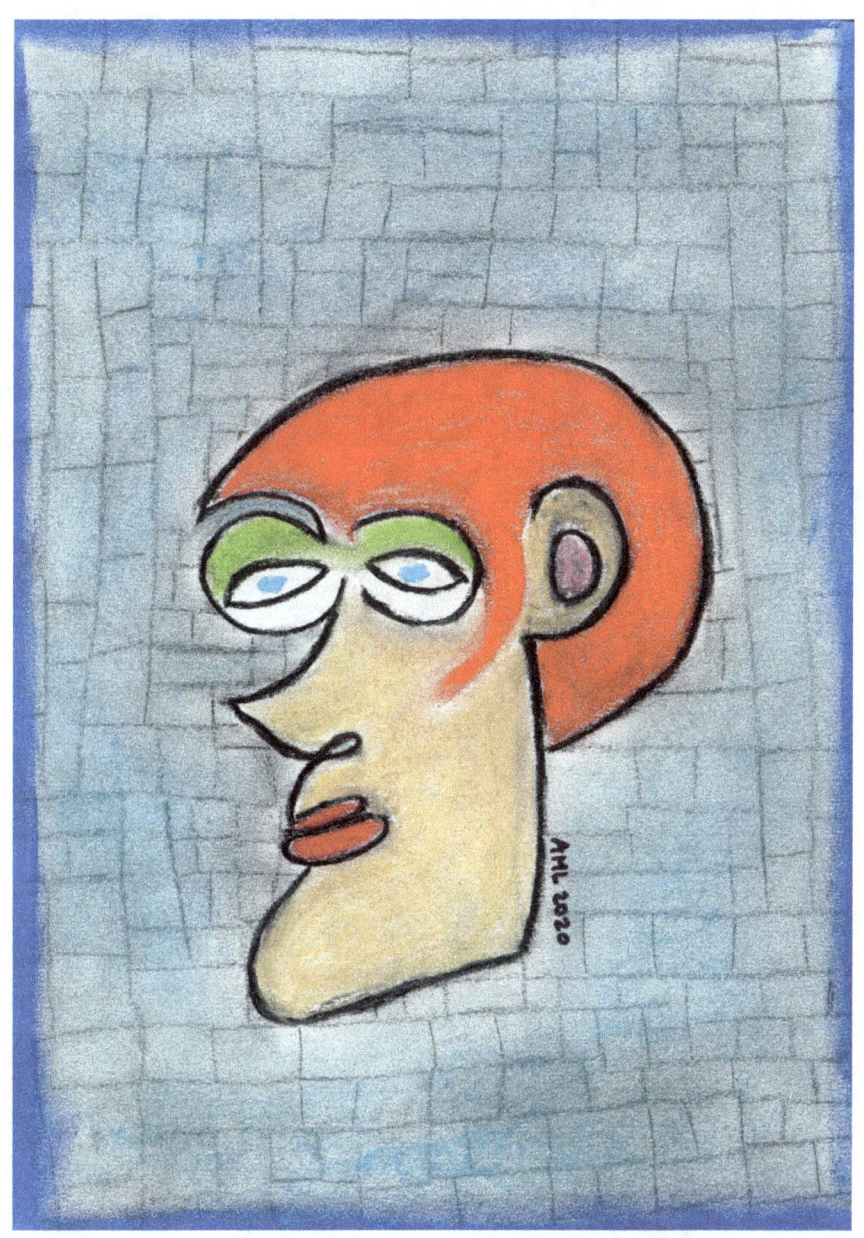

Il hurle sa colère
loin des sentiers discrets.

ALICE MEI LAN

LE HURLEUR

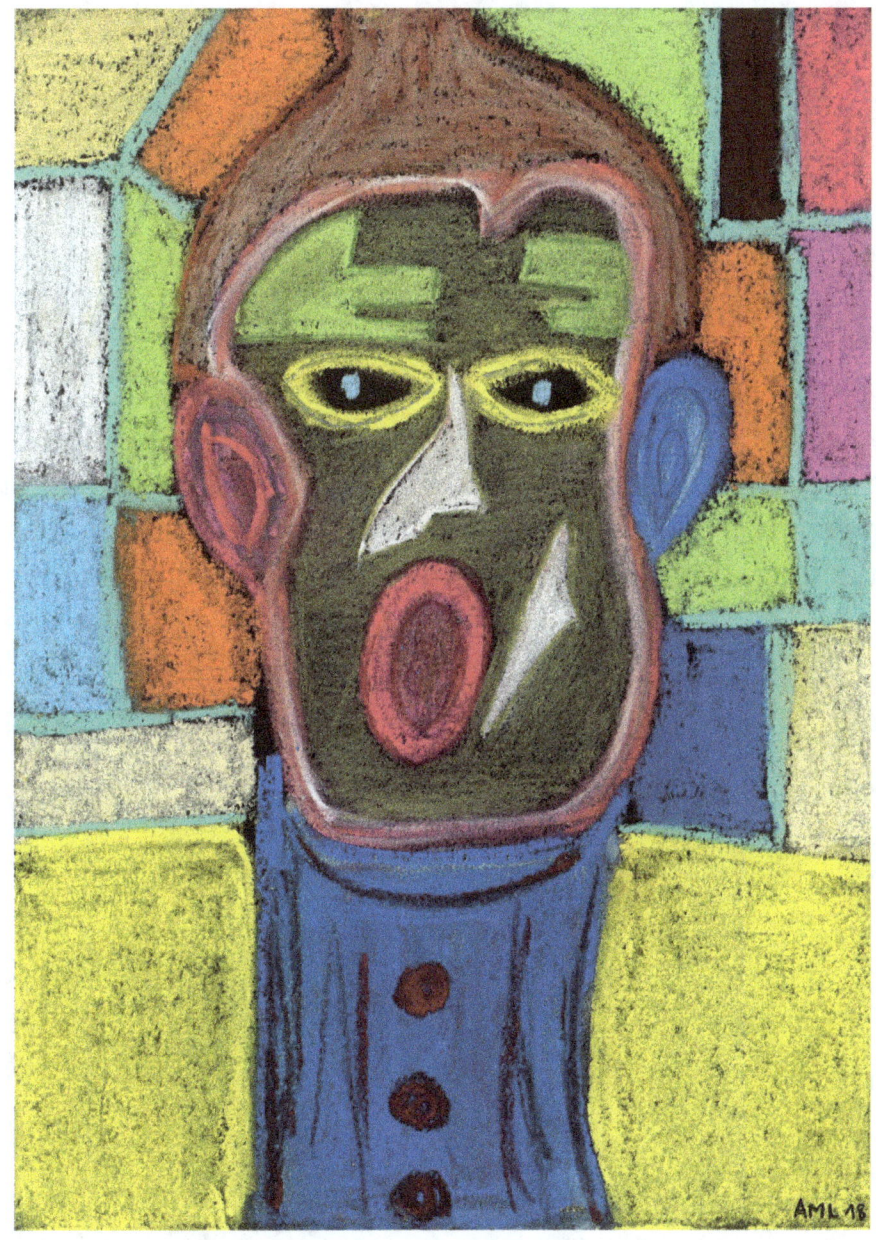

Grand malaise social, le poète a mal. Un mal qui prend appui sur l'homme. Bousculer la nature humaine comme un violent ouragan détruisant tout sur son passage. Et le poète râle et écrit la souffrance sans masque. Il est un dénonceur d'injustices.

ALICE MEI LAN

MASQUE DE CARNAVAL

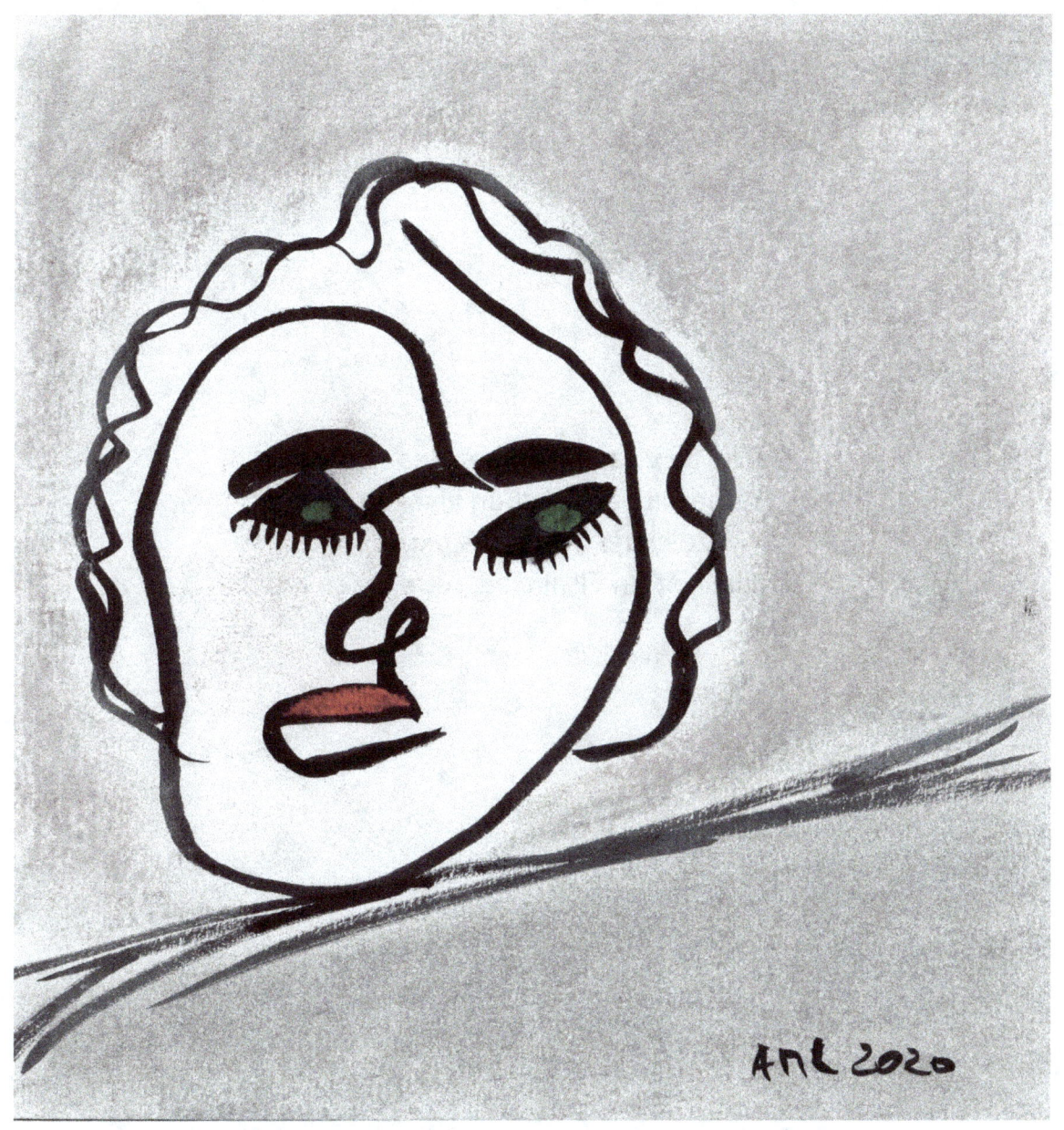

Dans son visage, cueillez des sourires.
Aimez la beauté d'un visage raffiné.
Voici des yeux très expressifs
éclairant un visage à l'aube de ce jour

ALICE MEI LAN

L'HOMME AUX LÈVRES BLEUES

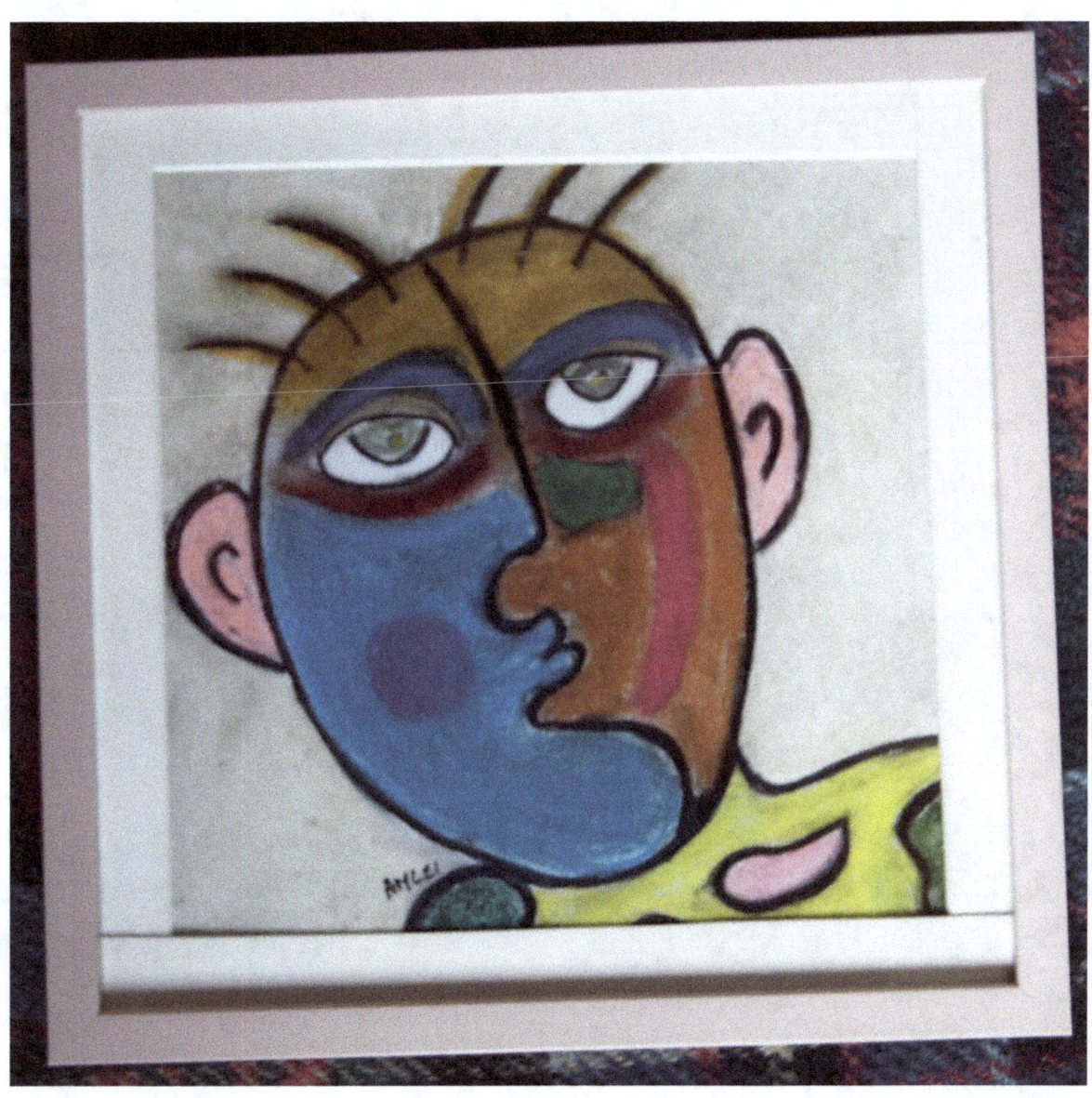

Sur son visage, des traits de réflexion.
Ses cheveux sont toujours bleus.
Ils sont longs comme ses poèmes.
Et ils courent.

ALICE MEI LAN

LA FEMME AUX CHEVEUX BLEUS

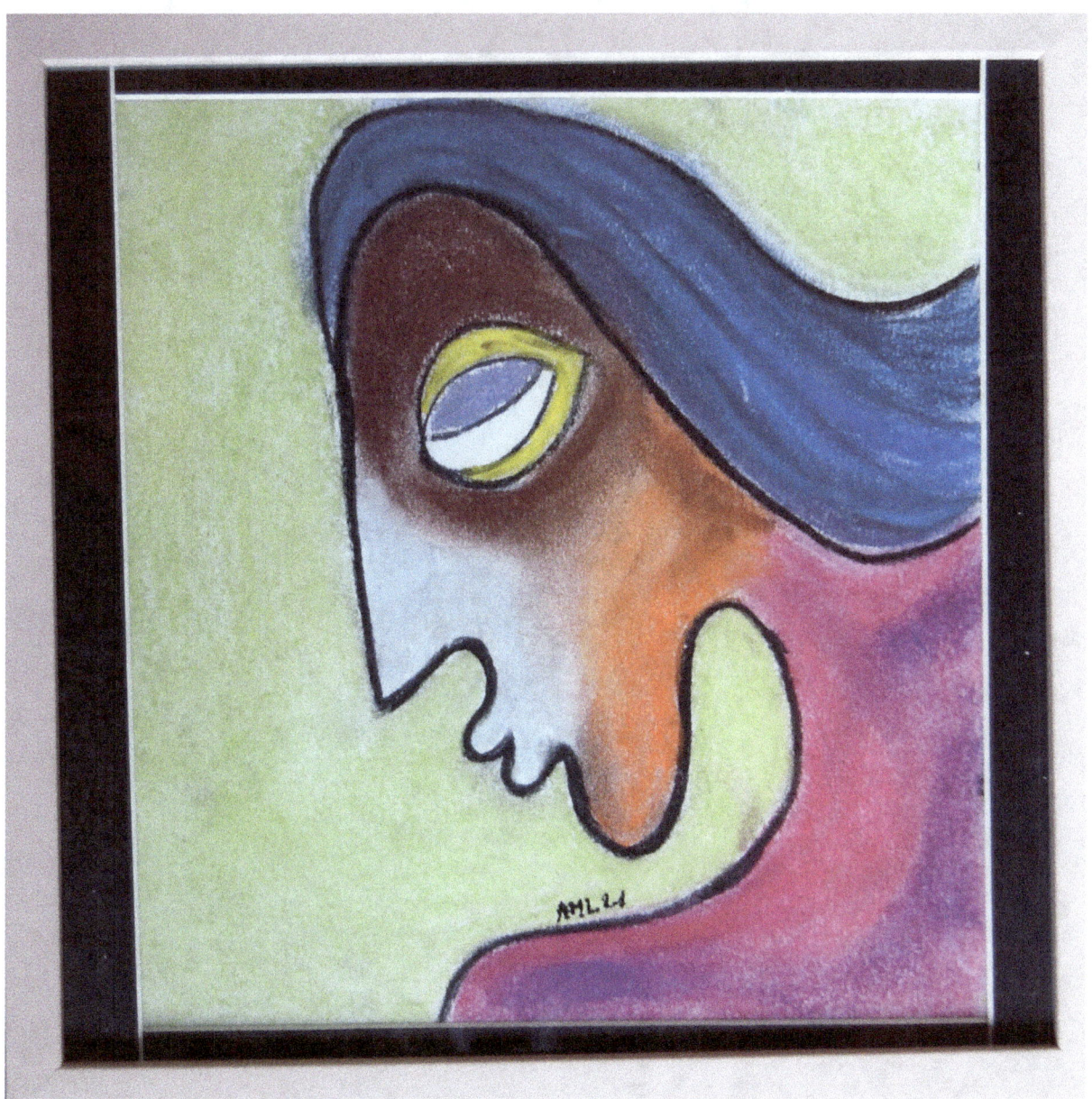

J'aime le souvenir de nos deux nudités.

ALICE MEI LAN

ELLE, NUE...

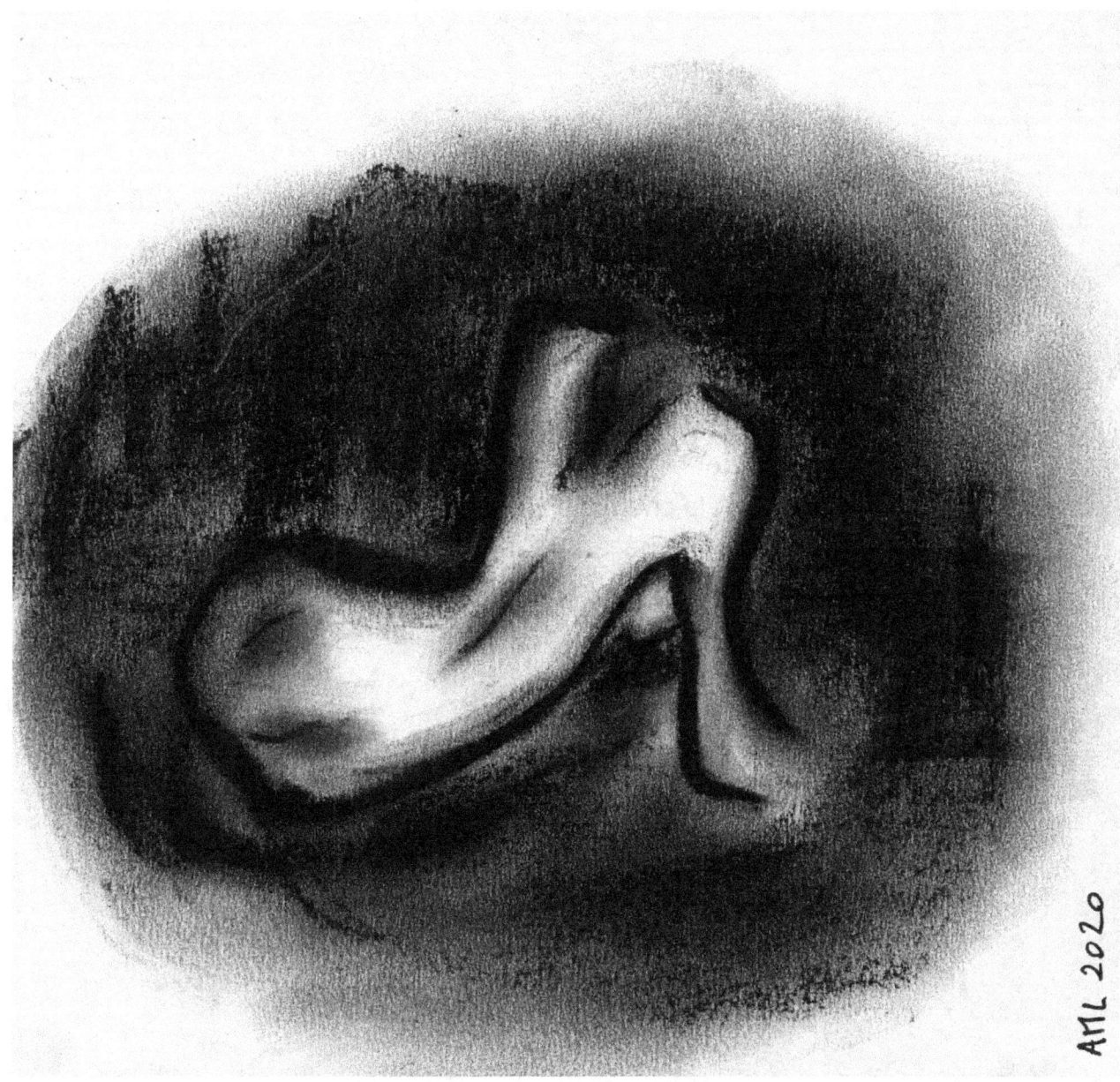

Viens et prends ma main hardie.
Laisse-moi te dénuder, ma chérie.
Et dans la chambre à coucher,
tu savoureras chacun de mes baisers.

ALICE MEI LAN

NU 1

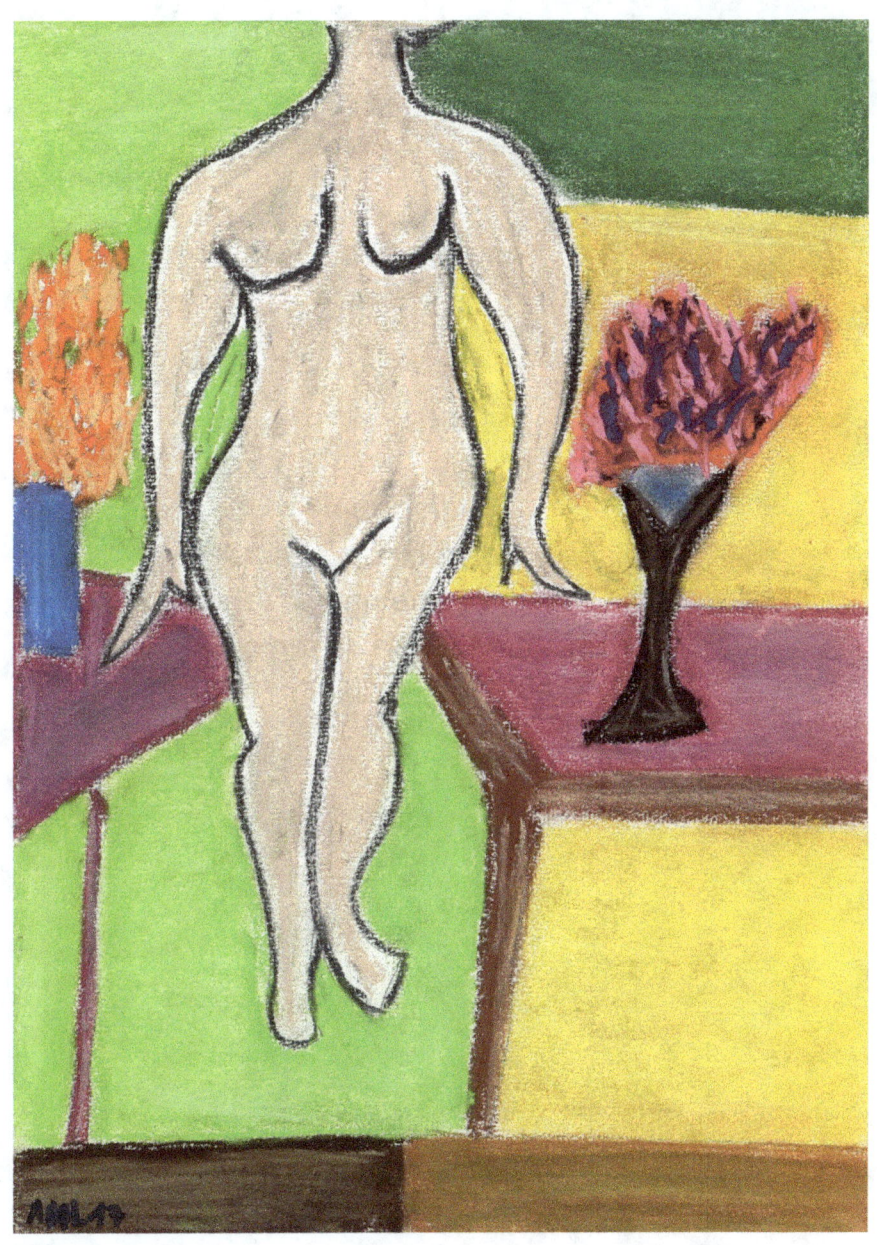

Il a un *grain*
son corps *de beauté*.
Nu comme un *ver*
près du chemin *de terre*.

NU 2

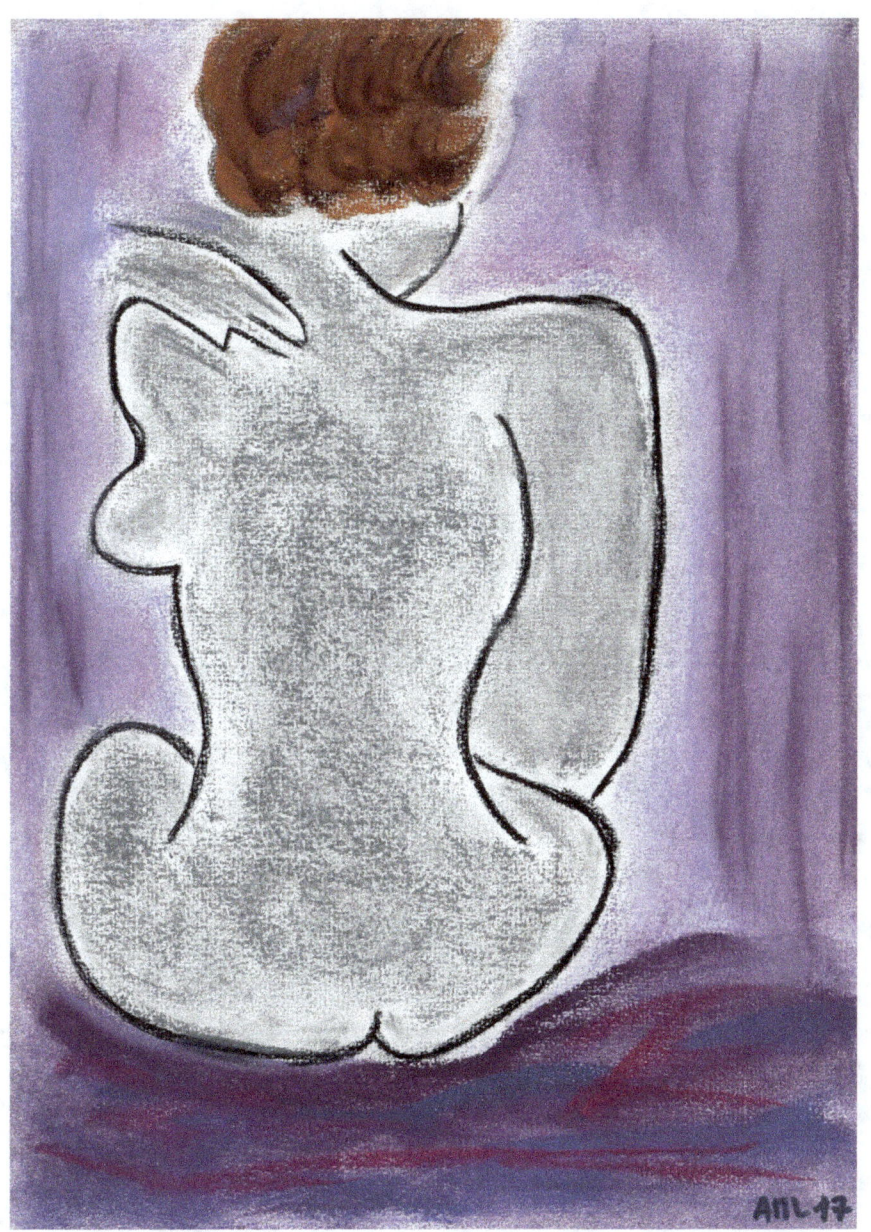

Sur un lit parfumé
d'un hôtel étoilé,
un homme et une femme
entièrement dénudés.

ALICE MEI LAN

SA BELLE, NUE

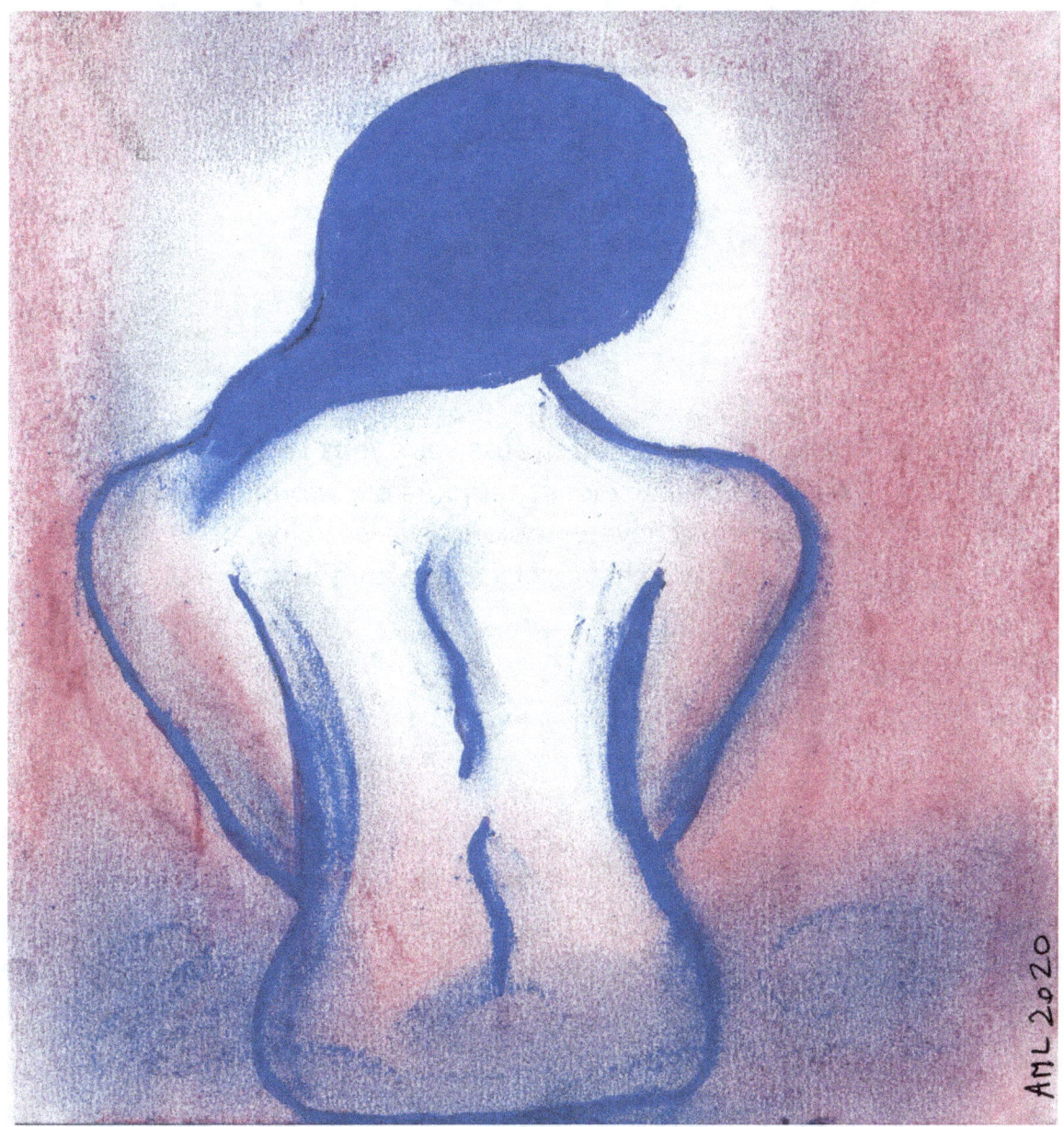

Elle est si belle cette rousse aux yeux verts.
Avec vos cheveux longs toujours bien coupés.
Avec vos cheveux toujours sur les yeux.
Avec vos cheveux très bien coiffés.

ALICE MEI LAN

DE DOS

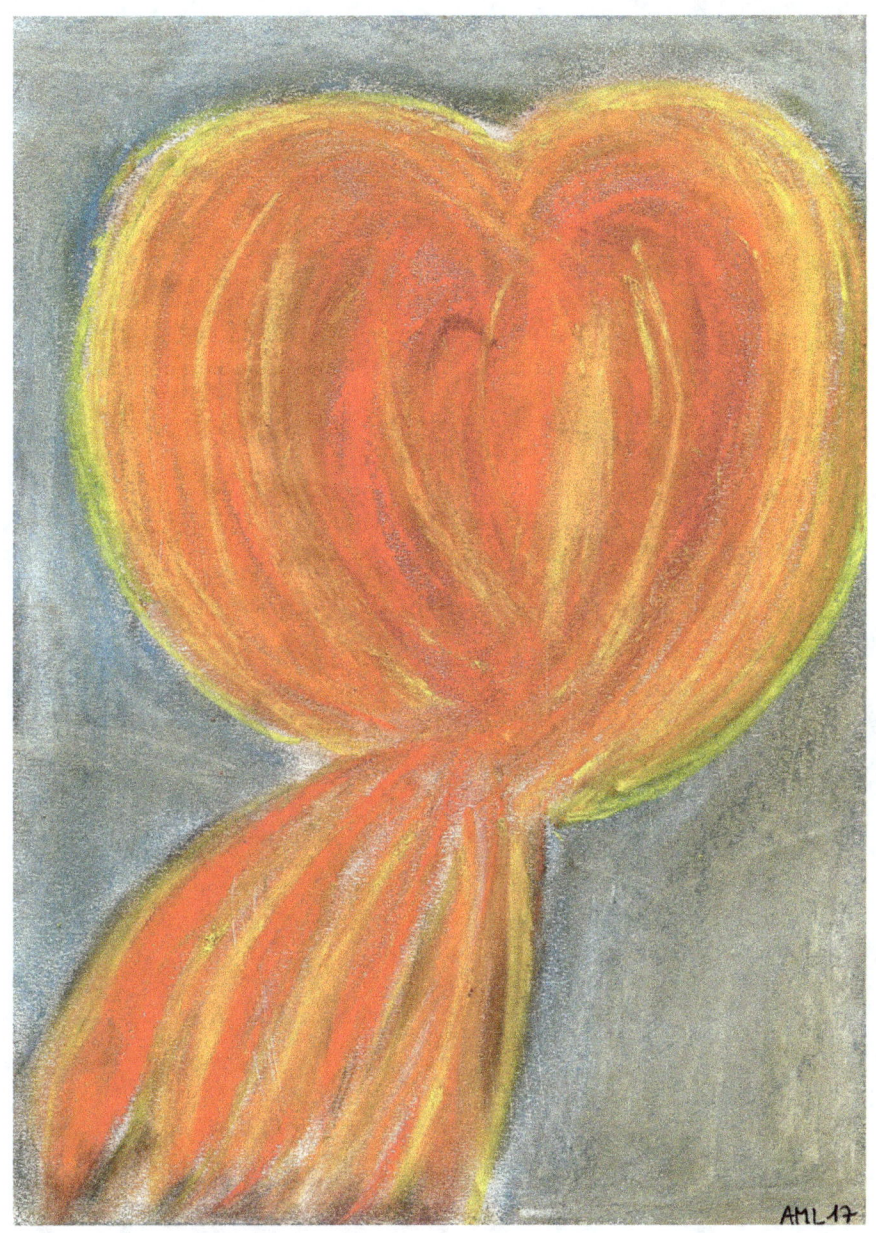

Fille sage, redevenue un peu sauvage,
enfin sortie de sa cage.
Elle regarde enfin les visages.

ALICE MEI LAN

TRIO DE VISAGES

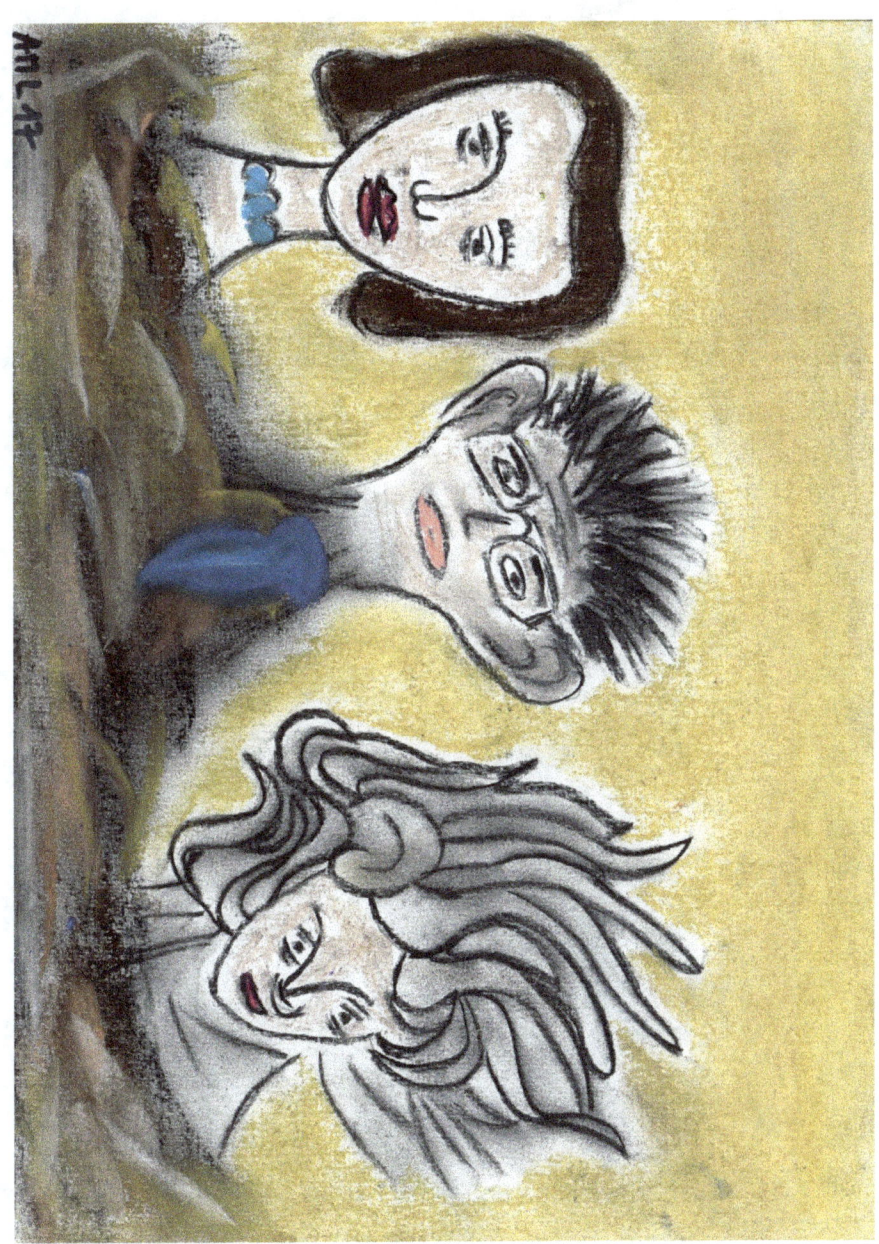

Loin des villes
aux fumées assassines,
ils dansent avec la lune
à la clarté divine.

ALICE MEI LAN

DANSE AVEC LUI

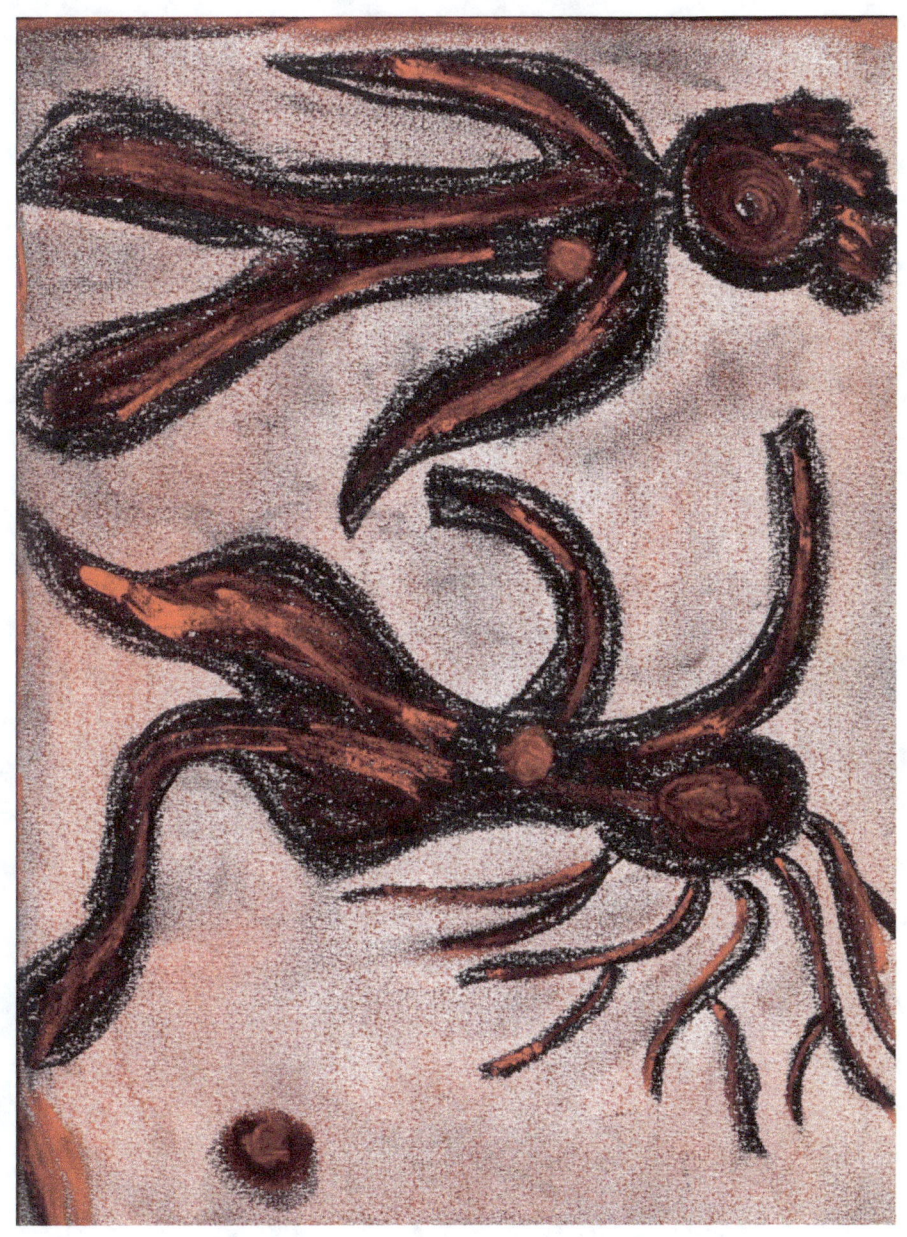

EFFLORAISON

Dans une maison bourgeoise,
une femme tranquille
prend la pause.
Plus qu'elle ne cause...

ALICE MEI LAN

LA FEMME À LA CHEMISE BOUFFANTE

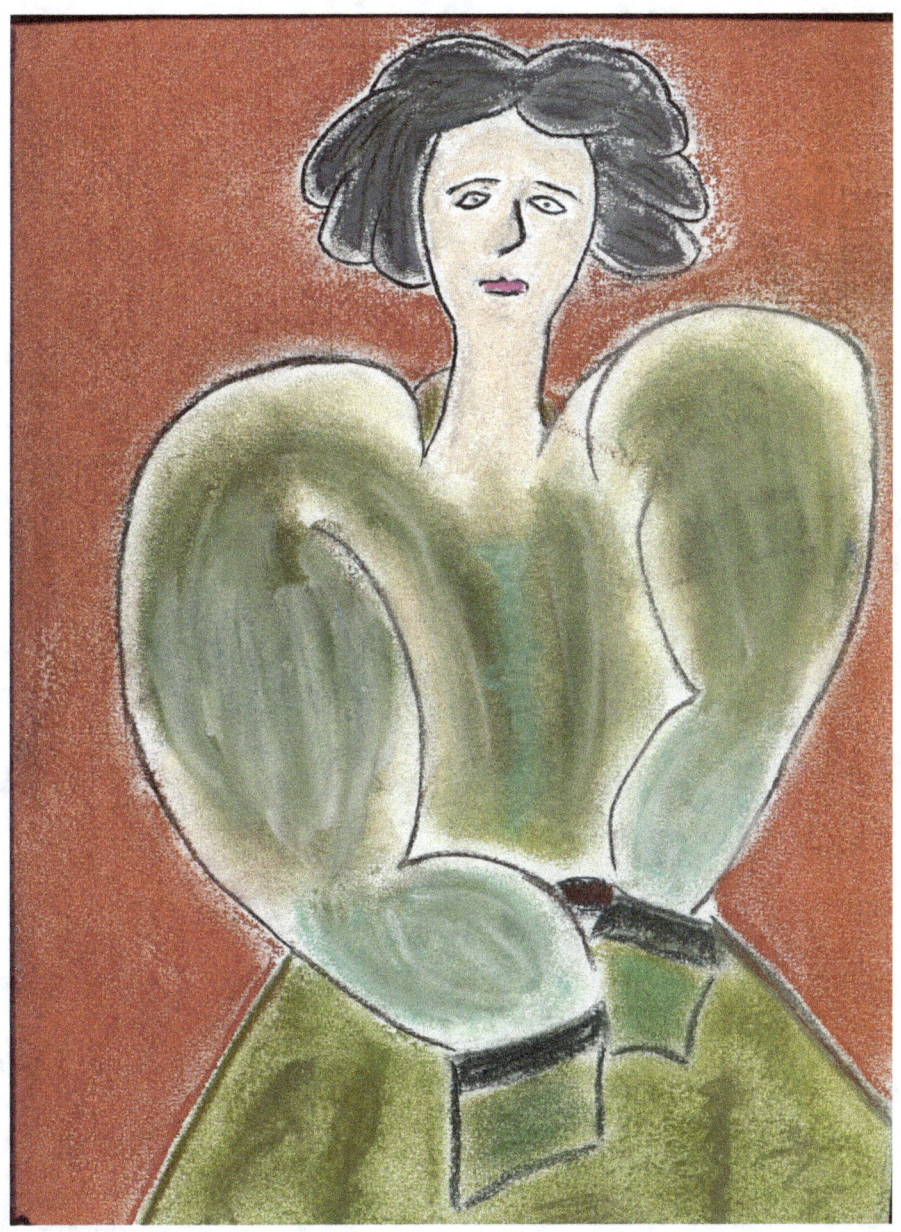

Les étoiles s'allument près de leurs masques noirs.
Coups de projecteur sur leurs têtes voilées.

ALICE MEI LAN

ILS AVANCENT MASQUÉS SOUS LES ÉTOILES NOIRES

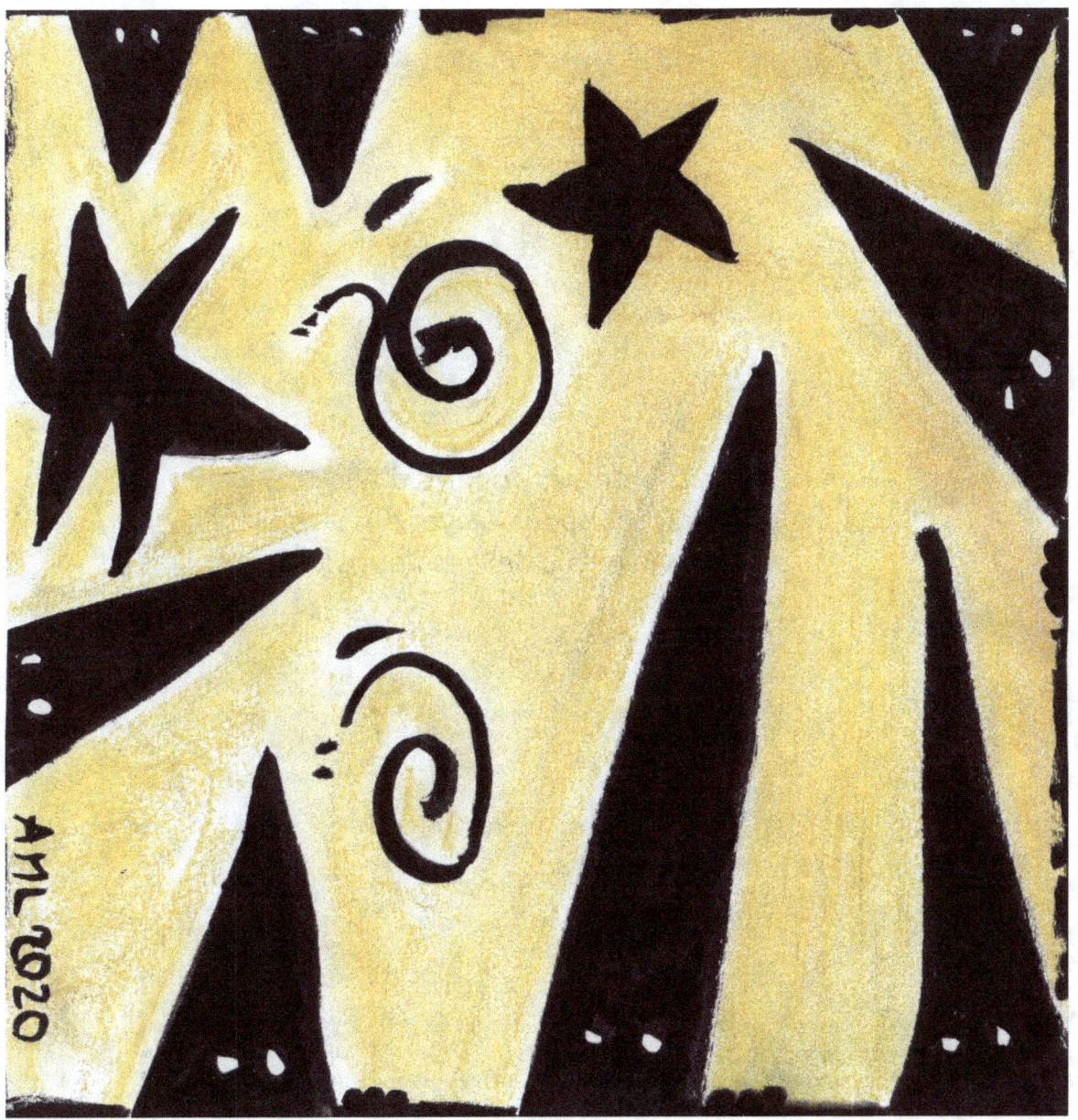

Ils courent les poèmes d'Alice
chaque jour pour égayer des vies
sous la forme de vers fleuris[1].

---
[1] Image de première de couverture du recueil *Poèmes courts. Poèmes qui courent…* (2018).

ALICE MEI LAN

ILS COURENT

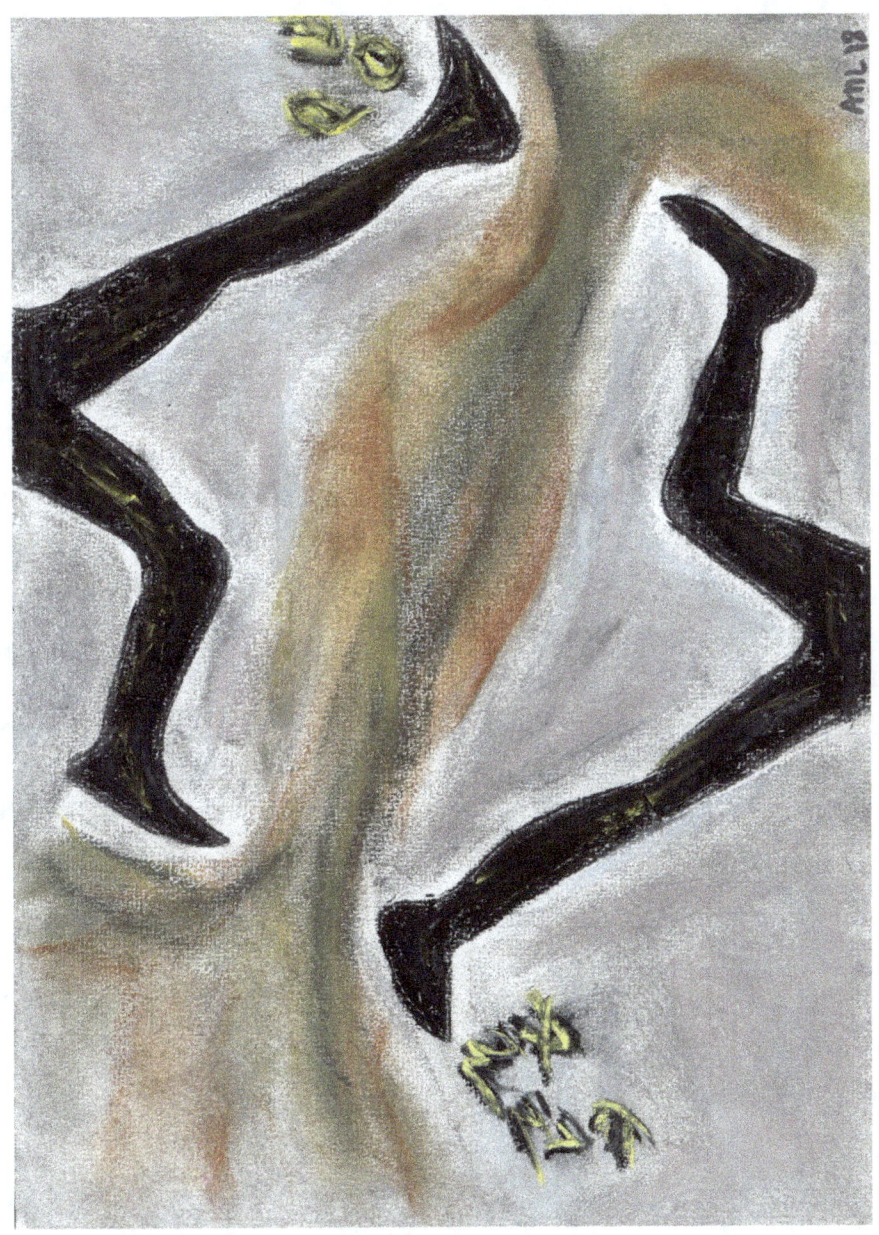

EFFLORAISON

Je veux une poésie éprouvée,
avec des visages qui portent des corps,
avec ou sans cicatrices,
dont je peux prendre le pouls.

ALICE MEI LAN

MORCELLEMENT 1

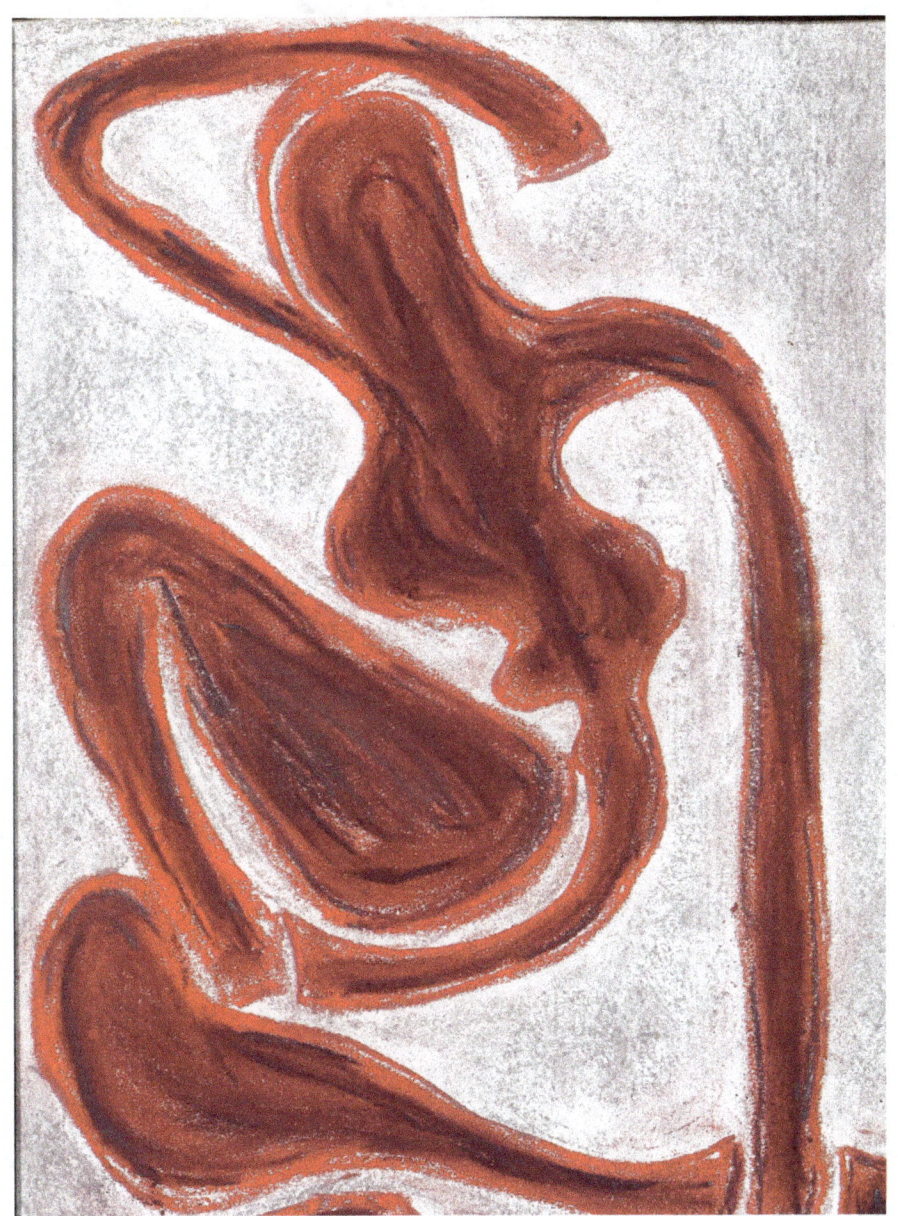

EFFLORAISON

Écouter mourir un corps.
En lui, quelque chose s'est éteint.
Comme on coupe la lumière.
Quelque chose devient noir.

ALICE MEI LAN

MORCELLEMENT 2

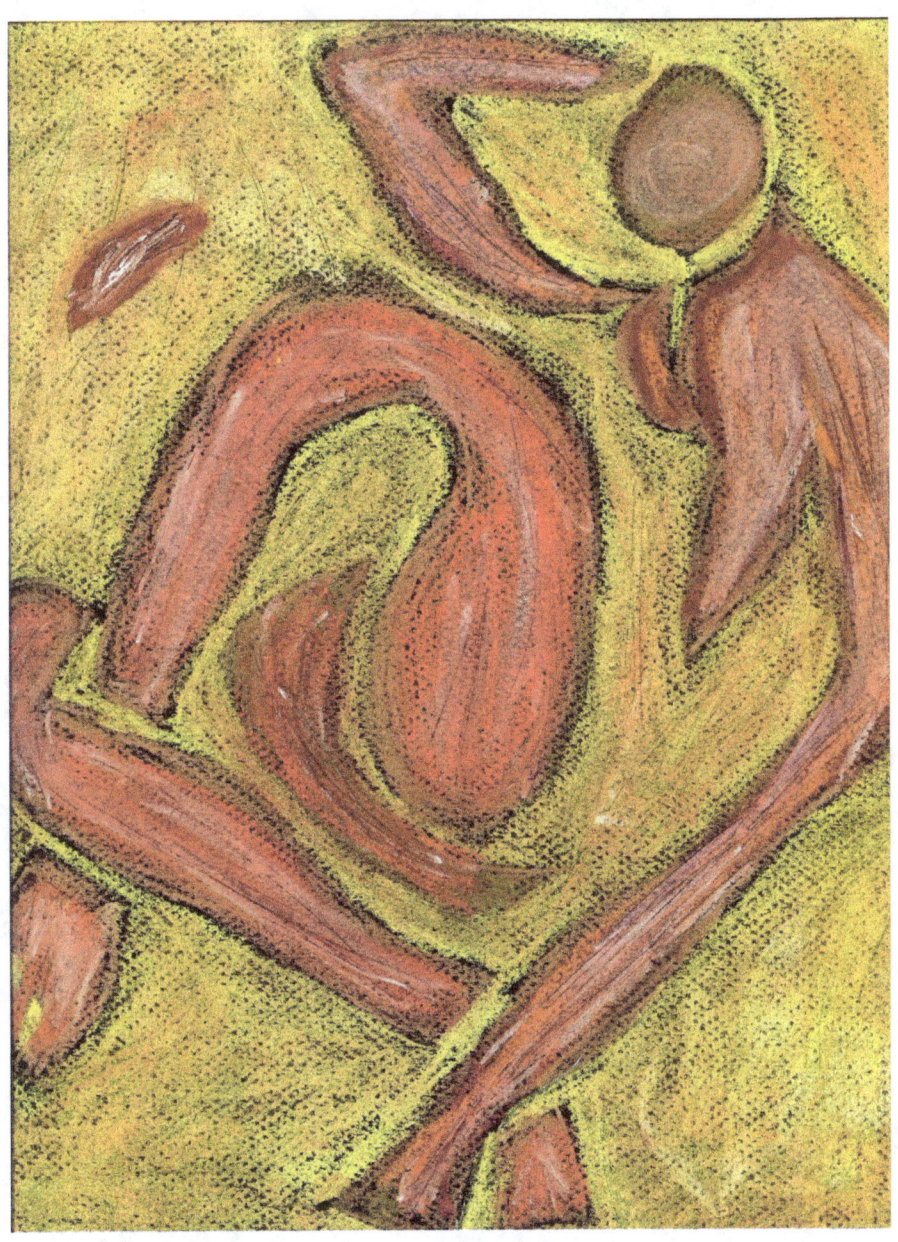

EFFLORAISON

Dans la main de Dieu, rien !
Dieu veut le laisser faire,
lui éviter l'enfer.
Plus jamais de déboires.

ALICE MEI LAN

LA MAIN DE DIEU

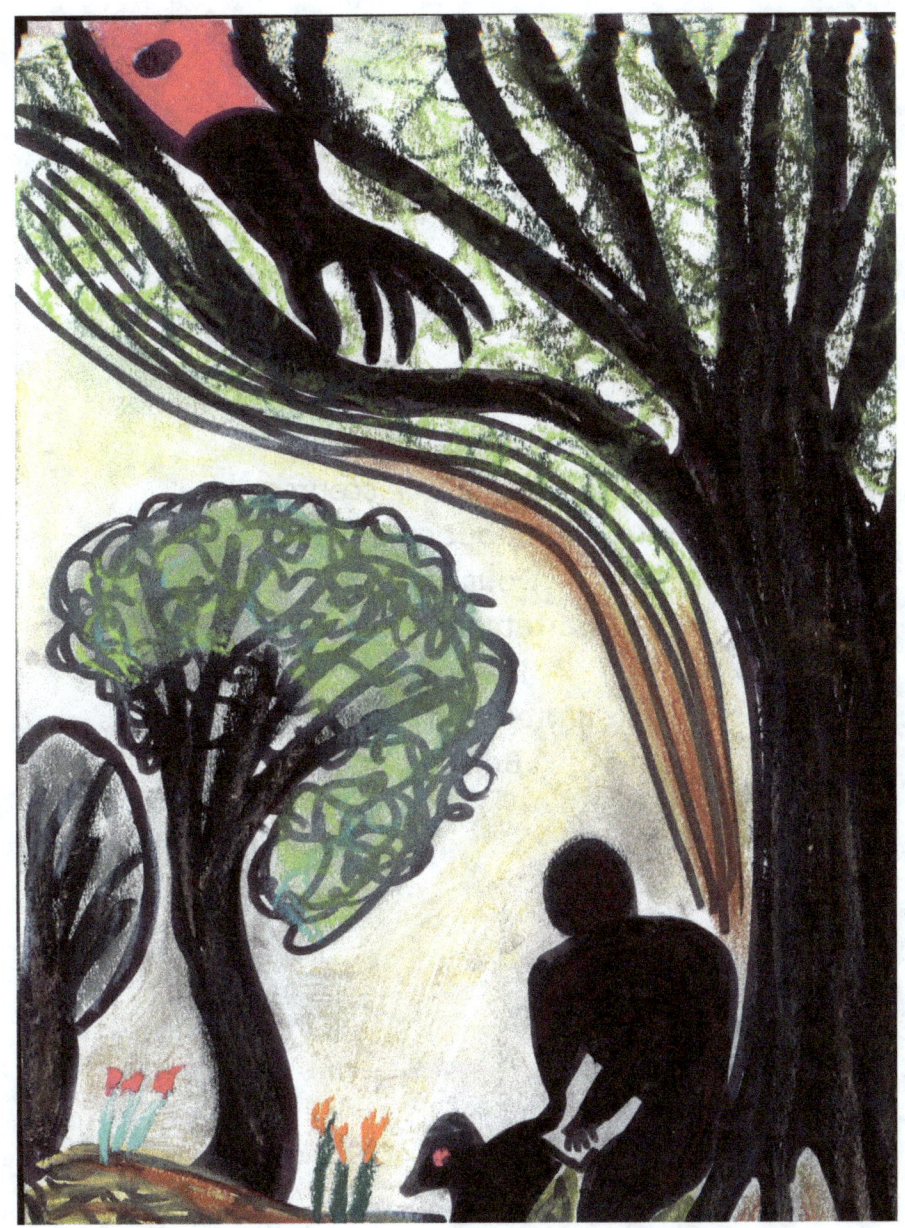

EFFLORAISON

Battement de cœurs
Battement de cœurs
Cœurs tout en douceur
Douceur, eur
Battement de cœurs
Lan... gueur
Battement de cœurs
Bo... nheur

ALICE MEI LAN

LA RÉUNION DES CŒURS

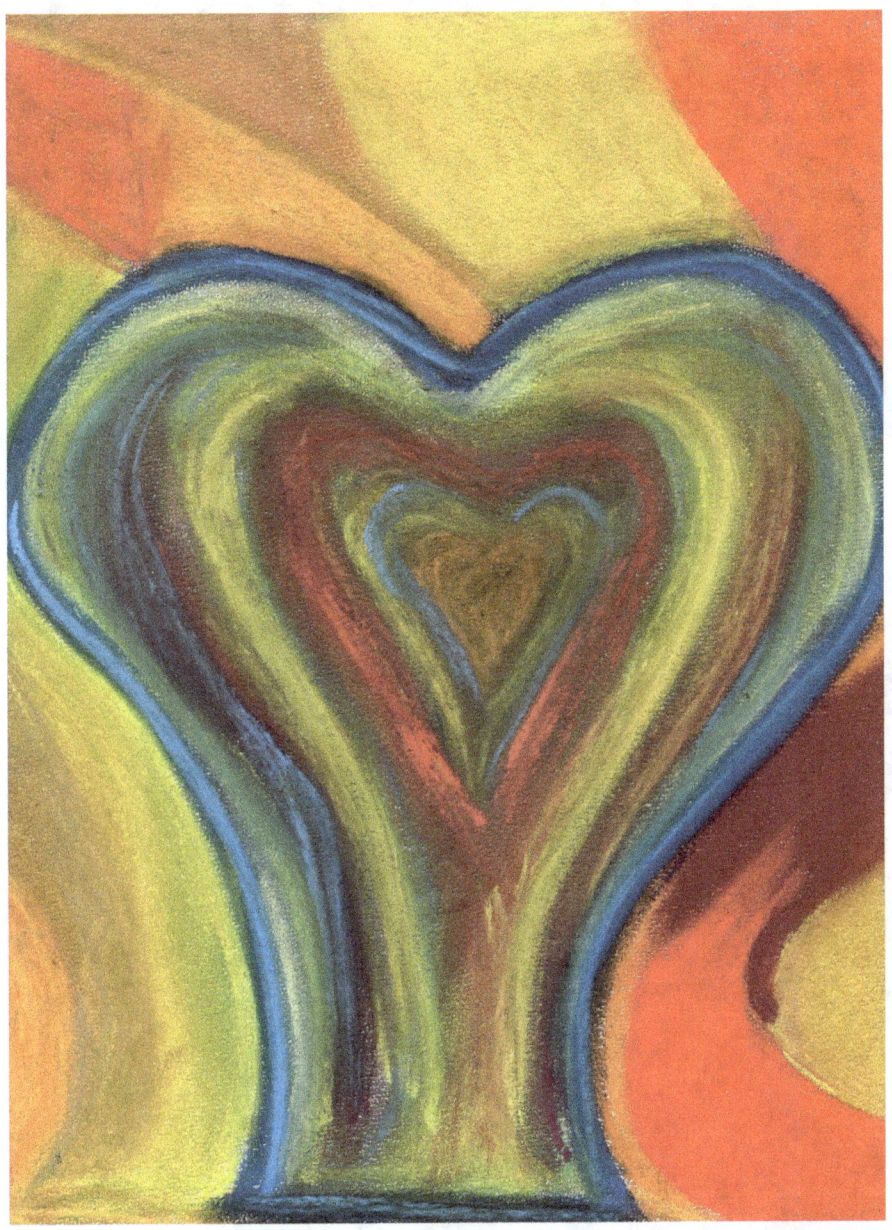

Dans la forêt encore fanée,
j'écoute le bruissement des feuilles
secouées par le vent.
Création d'une peinture abstraite.

ALICE MEI LAN

ABSTRAIT COLORS

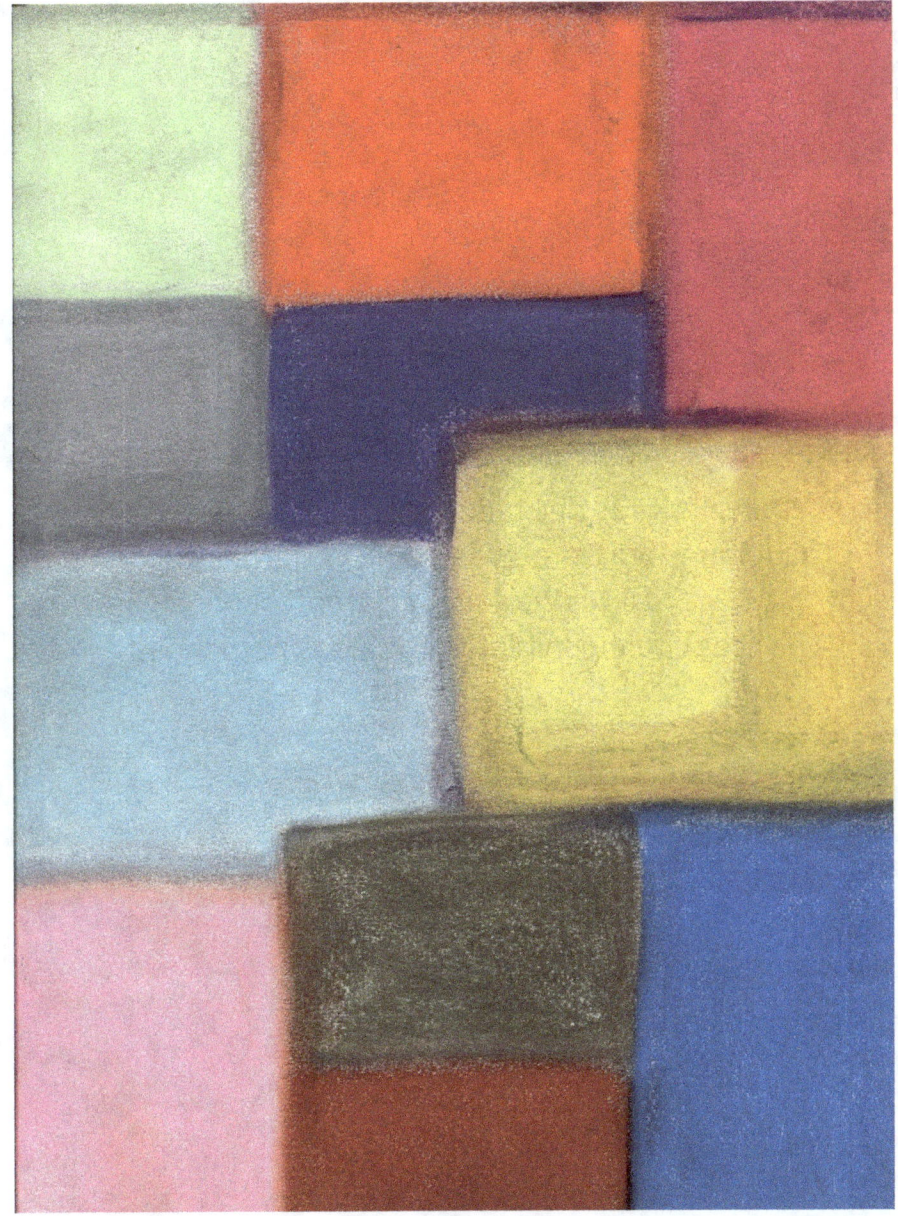

Dans les prés des bleuets aux couleurs de l'été.
Quelques buissons ardents aux criardes couleurs,
Des couleurs éclatantes.
Des couleurs volatiles bercées par le vent.

ALICE MEI LAN

LES COULEURS DE L'ÉTÉ

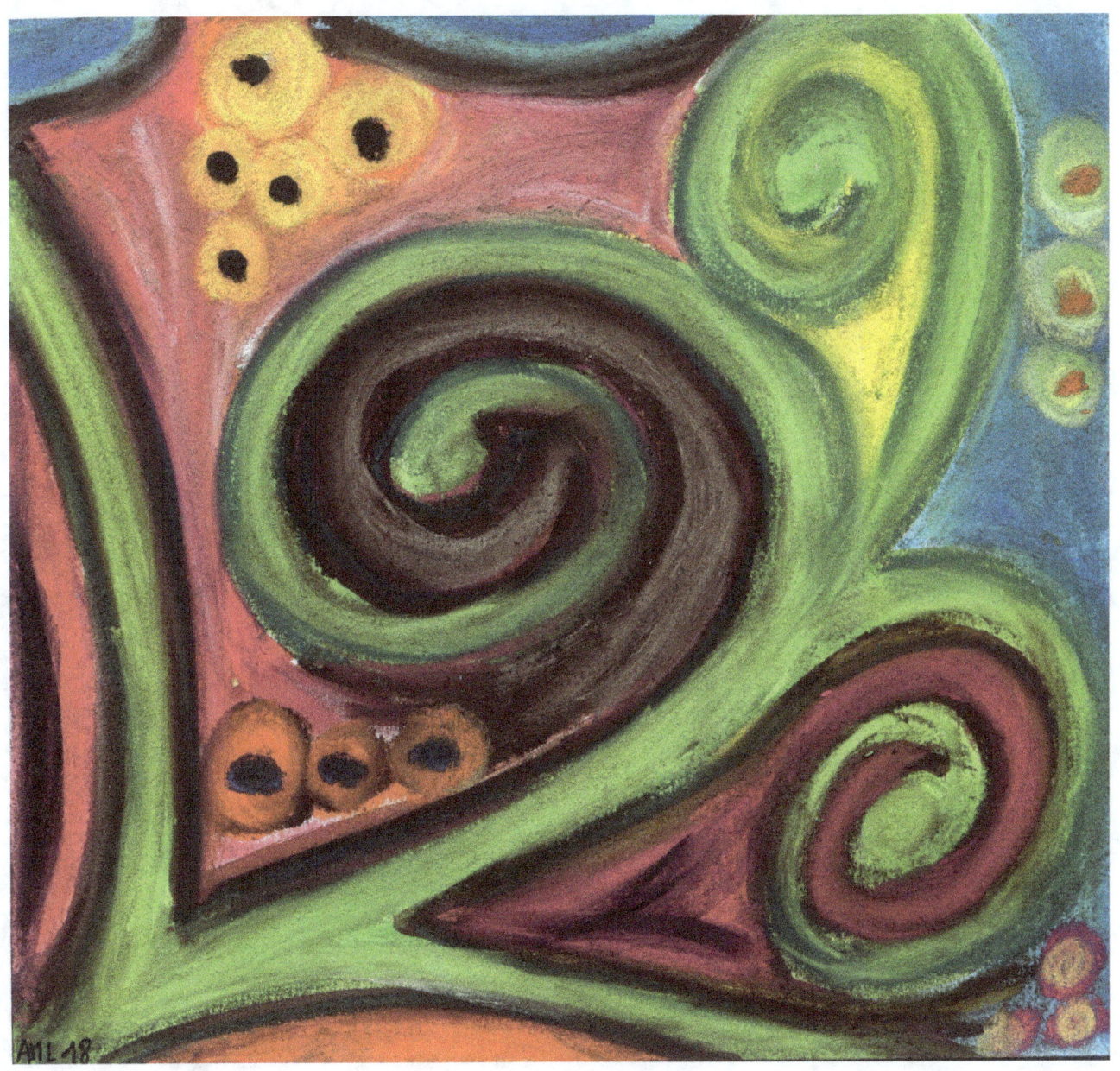

Dans les ruelles sans voitures,
les chats errants s'approchent et s'éloignent,
rasant les murs noirs et troués et les trottoirs crasseux.

ALICE MEI LAN

TROU NOIR

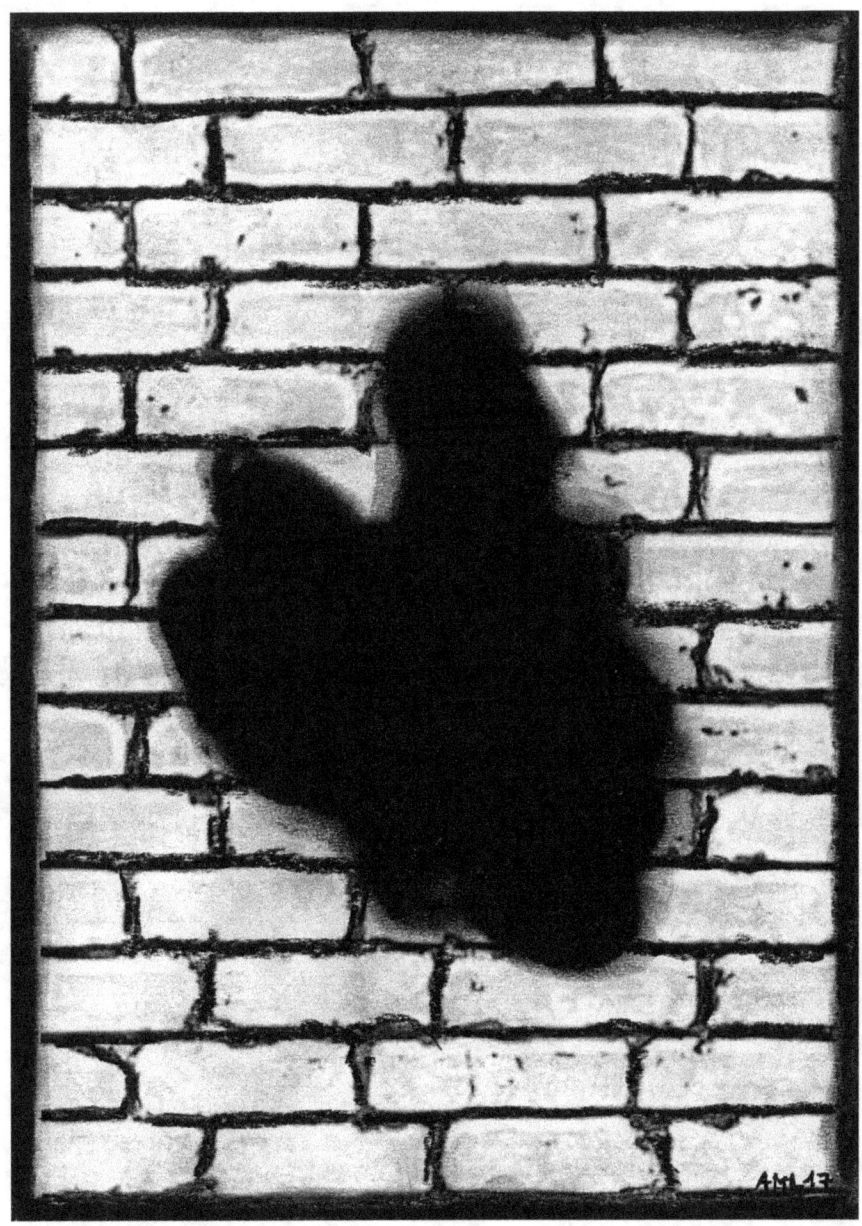

EFFLORAISON

Les merles le matin courent dans le jardin.
Et le vent souffle sur les courbes des arbres.
Les pies tapageuses jacassent leurs refrains
loin des bassins couverts de marbre bleu.
Pas d'étendue d'eau claire sur cette vaste de prairie.
Juste un canard perdu barbotant dans un peu de boue.

ABSTRAIT TAPISSERIE

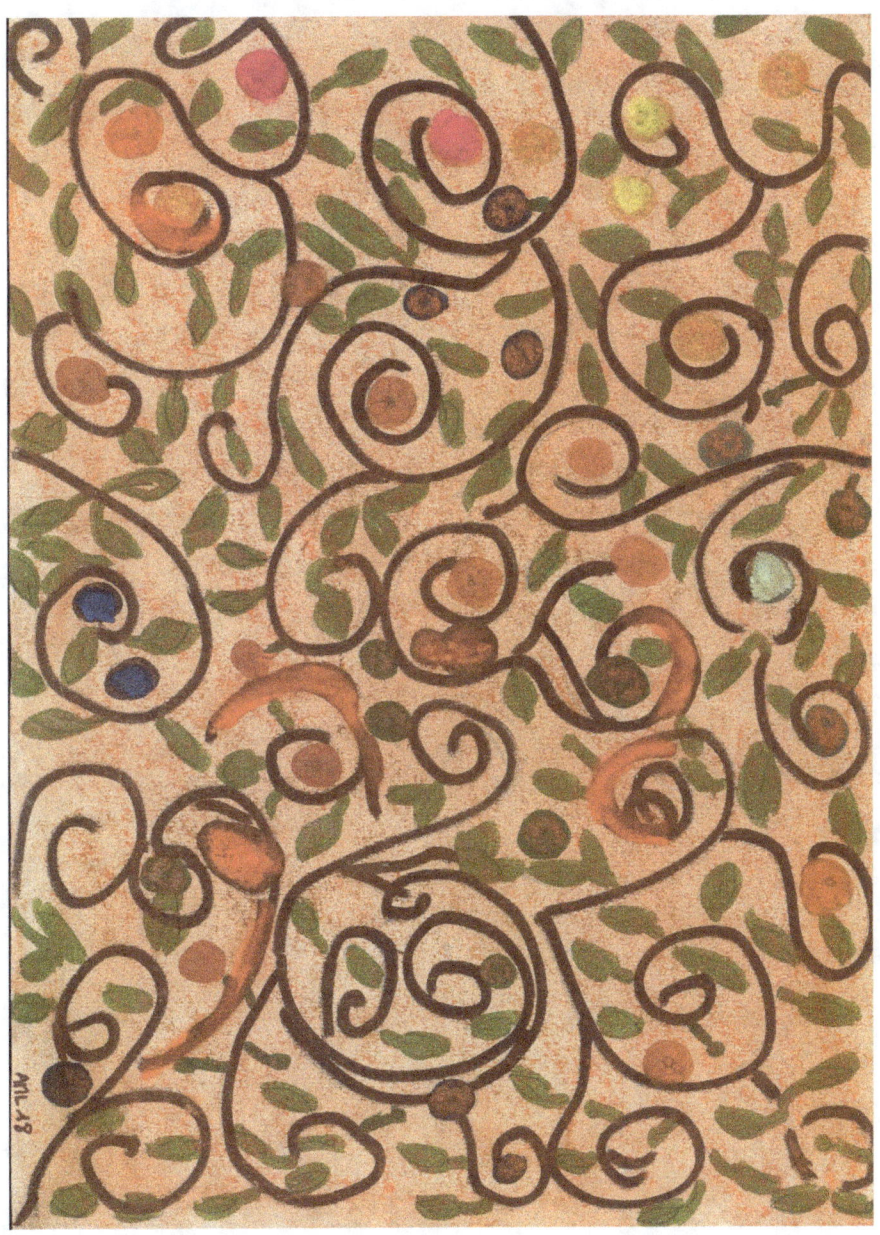

Tu te rappelles de ses chats errants
aux ventres affamés miaulant à la porte.
De leurs douceurs après s'être gavés.
De leurs joies d'avoir trouvé à manger.

ALICE MEI LAN

LA PORTE DU SALUT

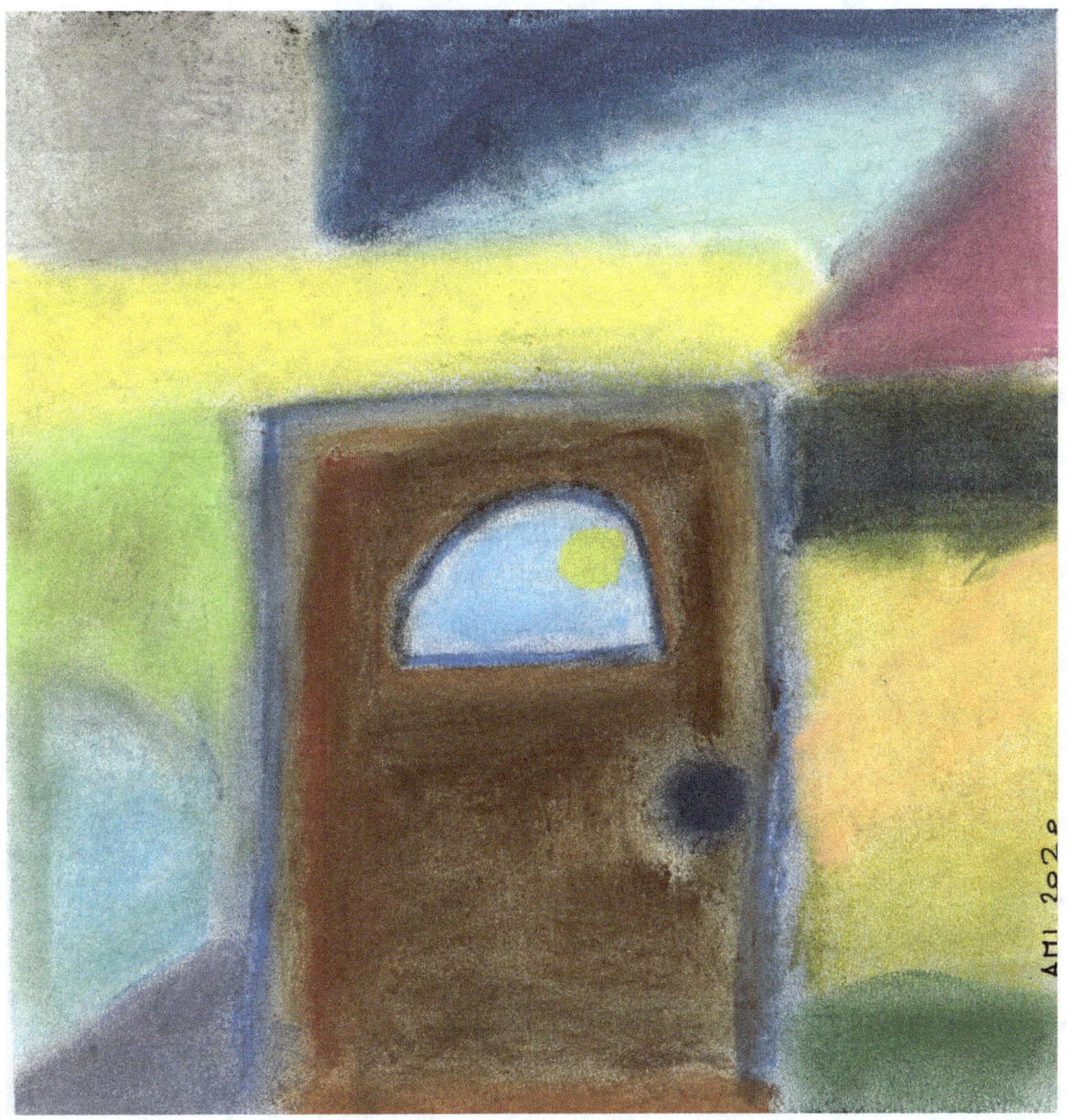

Dans une coupe, des éclosions de vie
sans bruits, même à midi.
Des musiques, mais pas de chansons.
Des sons toujours à l'unisson.

ALICE MEI LAN

ÉCLOSION

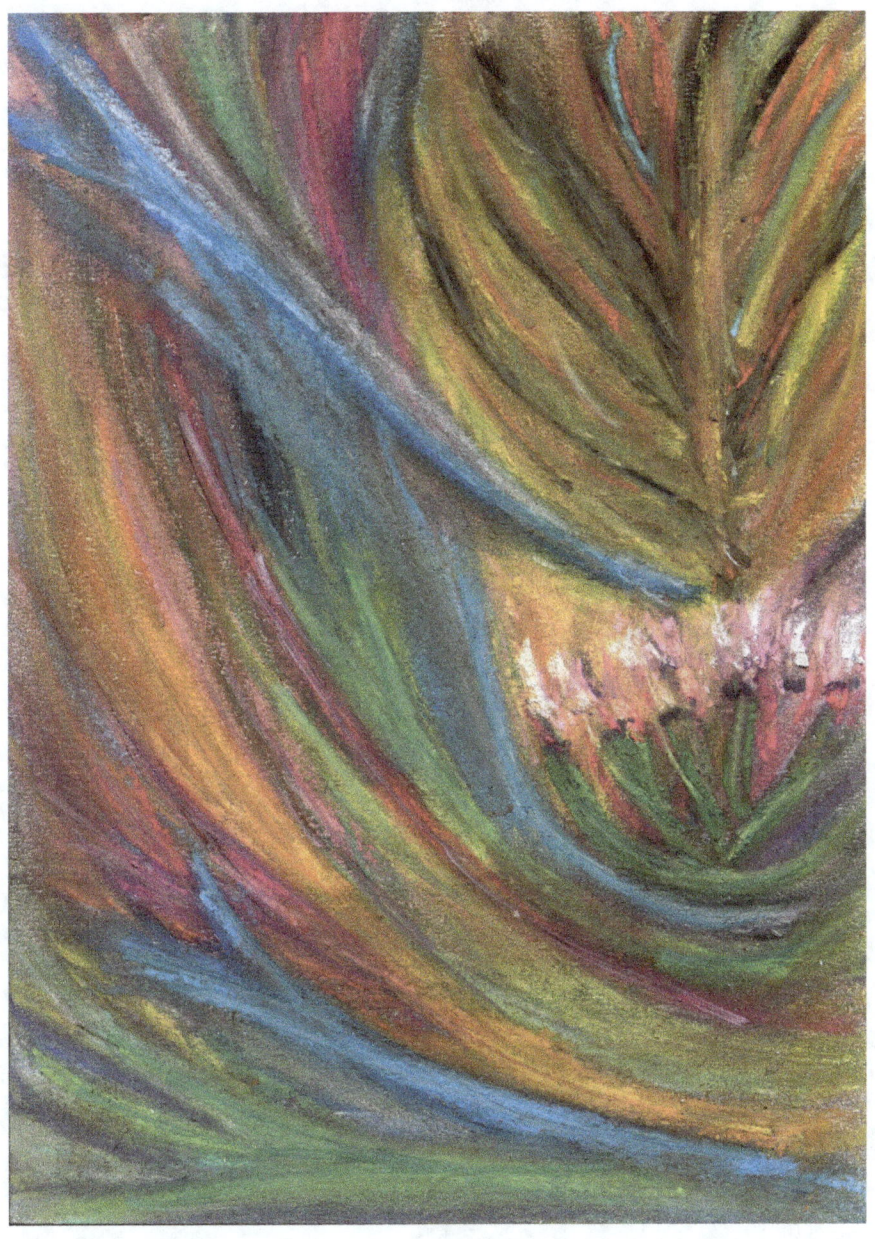

Un chant d'espoir rompt le silence
narrant la courbe des mots.
Mots qui vacillent comme des quilles
dans un monde qui m'éblouit.

ALICE MEI LAN

ÉCLOSION DE COURBES

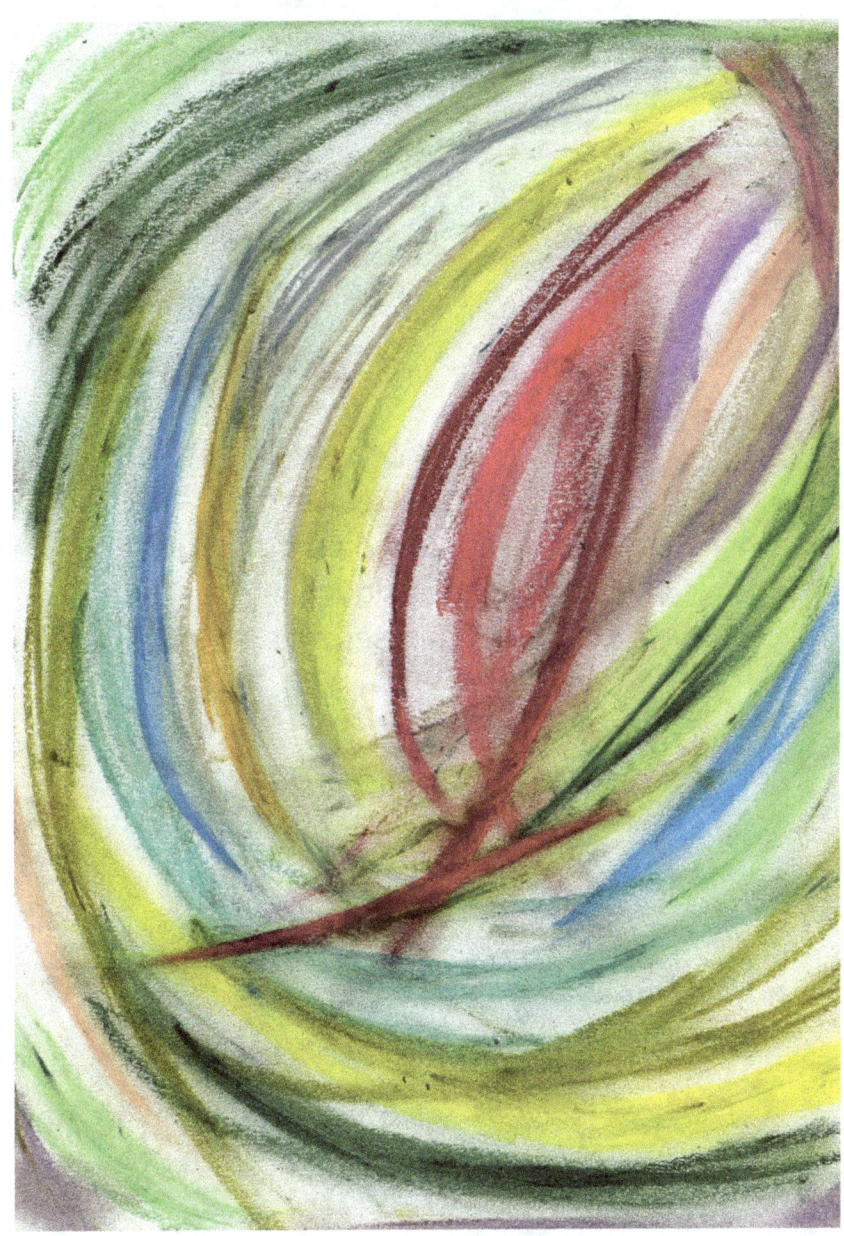

Près d'elle, un vieux saule
courbé et plein d'amour
l'entoure de douceur
en lui prêtant ses bras.

ALICE MEI LAN

ÉCLOSION DE DOUCEURS

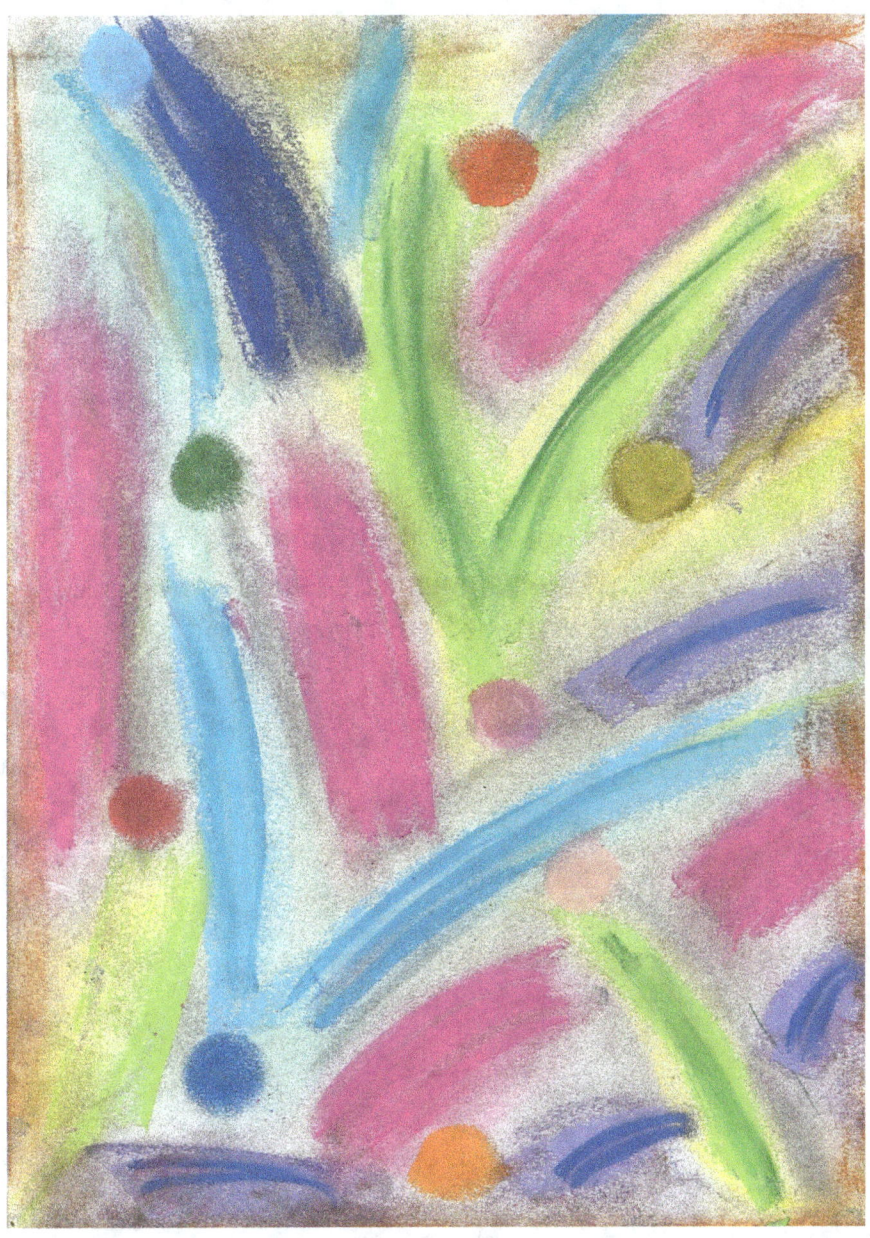

Quand la pendule carillonne,
les notes chantent l'amour.
Et les aiguilles dansent,
vous invitant à tourner en rond.

ALICE MEI LAN

ÉCLOSION DE SPIRALES

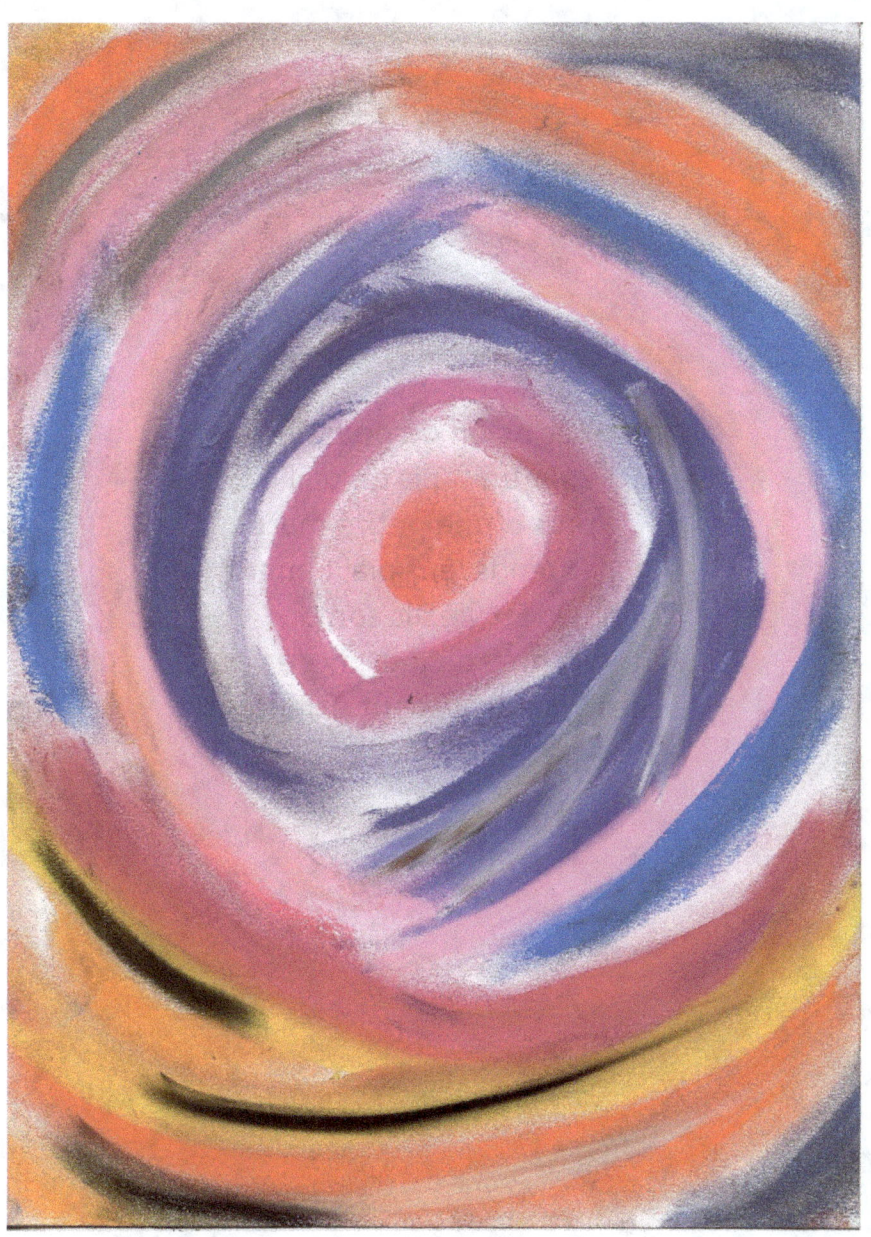

EFFLORAISON

Éclosion de poussins
sur un tapis de paille
près d'une petite mare.
J'entends leur piaillement.
En vie, ils sont.
Et tout près de leur mère poule,
les voilà trottinant gaiement.

ALICE MEI LAN

ÉCLOSION D'UN ŒUF

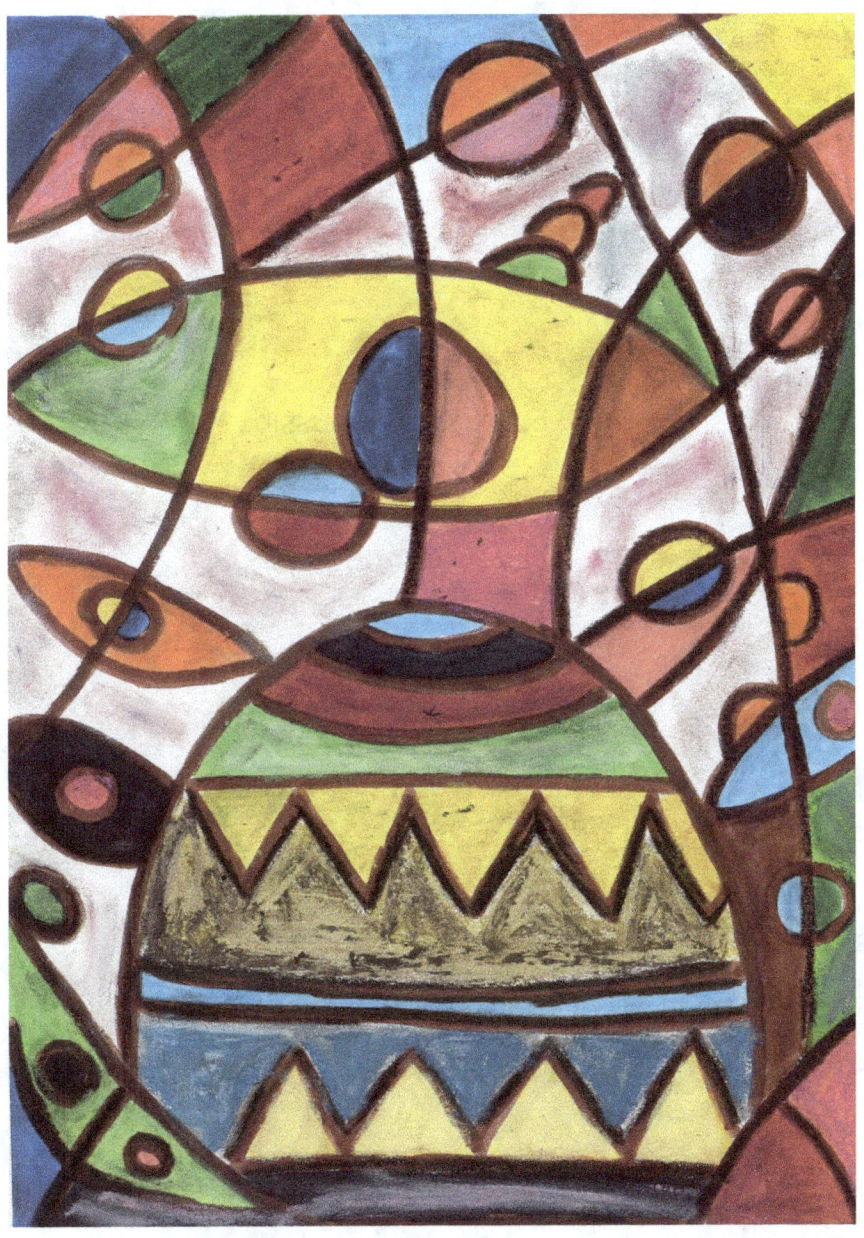

Éclosion de poussins
Un rêve m'a dit :
« La mère poule existe.
Elle a donné la vie
au péril de la sienne ».
Alors, vis ta vie.
Éclosion de vie.

ALICE MEI LAN

LÉVITATION D'UN ŒUF ÉCLOS

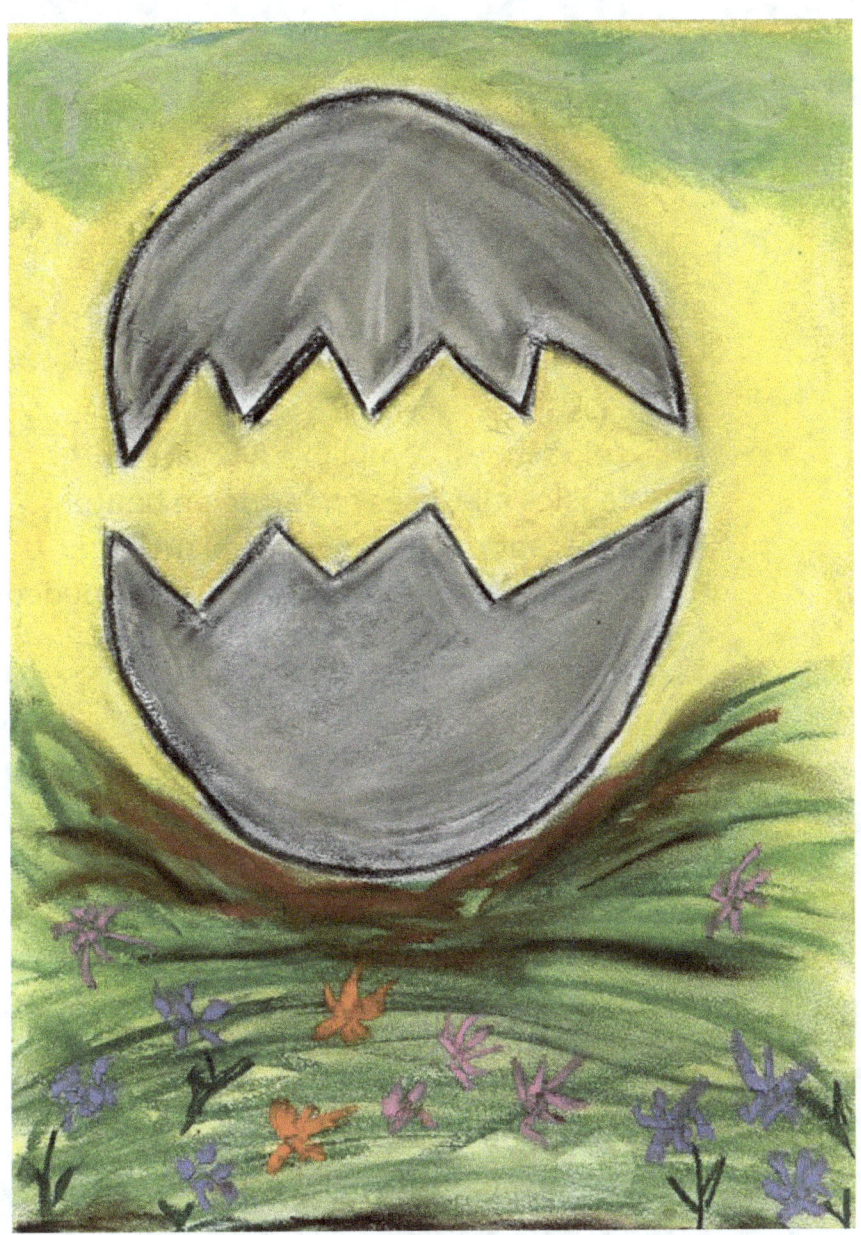

EFFLORAISON

Le poète est semblable à une rose.
Des feuilles mi-closes en forme de boutons,
ne laissant pas découvrir sa blancheur.
Jusqu'à ce qu'ils explosent pour rougir de pudeur,
en roses tendres à la chair veloutée,
aux parfums ravageurs.

ALICE MEI LAN

PARFUM 1

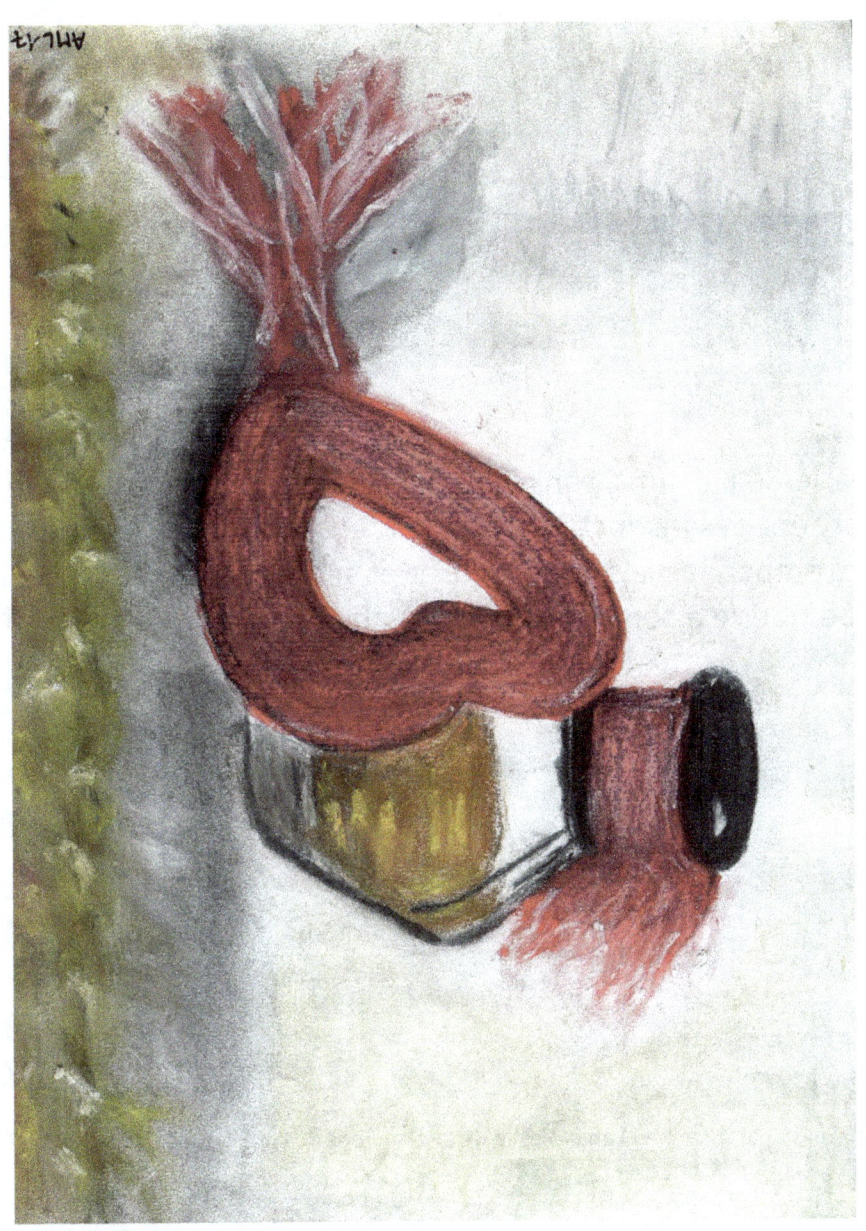

Alice nous parle de parfums, sans doute parce que l'amour et la sensualité, même sublimés, gardent des instincts l'appel des sens. Elle disloque ses vers aux feutres colorés, les fait tremper, les laisse se reposer et sécher avant de les taper sur son clavier. Chaque poésie a son parfum, qui s'échappe à chaque page tournée.[2]

---

[2] Le dessin du parfum réalisé par Alice Mei Lan est celle de la première de couverture de son recueil *Parfums de poésies* (2017).

ALICE MEI LAN

PARFUM 2

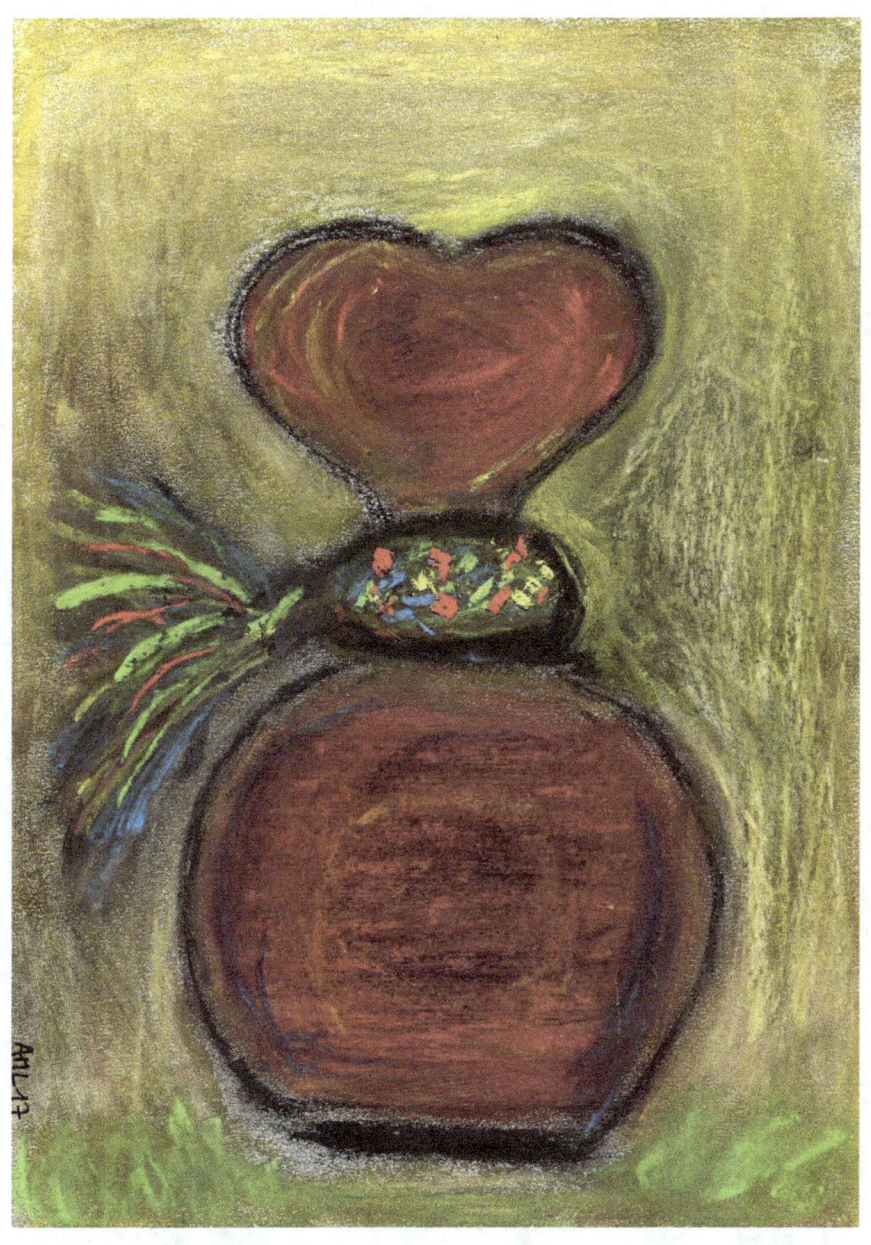

Libérez votre cœur.
Laissez-vous enlacer par les plantes fleuries
et vous serez entraînés à danser...
Un fandango[3] aux sons des flûtes
et aux claquements des castagnettes.
Olé !

---

[3] Le fandango est un style musical, mais également une danse traditionnelle espagnole de couple, d'origine andalouse, sur un rythme 3/4 ou 6/8, accompagnée de castagnettes et de guitare qui peut être chantée. Les caractéristiques du fandango sont un rythme continu de castagnettes et une accélération constante du tempo. https://youtu.be/oFOcR-8M45s

POUR FINIR...

Une effloraison de dessins faisant résonner la vie dans un style artistique simple, mais éloquent. Insolite aventure de l'artiste Alice Mei Lan, qui a plus d'une corde à son arc.

EFFLORAISON

J'ai trouvé un jardin plein de lilas en fleurs
loin des odeurs de tabac qui donnent mal au cœur.
Au printemps, lilas, roses et muguets.
En été, capucines, immortelles et œillets.
En automne, cyclamens, dahlias et colchiques.
En hiver, bruyères, hellébores et pensées.

LISTE DES DESSINS ET TECHNIQUES

Pastels secs, bâtonnets d'encre, feutres 21 x 29,7 cm, 24 x 32 cm*

Autoportrait 2, pastels secs et bâtonnets d'encre, 2020
Autoportrait 3, pastels secs et bâtonnets d'encre, 2020
Le hurleur, pastels secs et bâtonnets d'encre, 2018
Nu 1, pastels secs et bâtonnets d'encre, 2017
Nu 2, pastels secs et bâtonnets d'encre, 2017
La femme à la chemise bouffante*, pastels secs et bâtonnets d'encre, 2017
Trio de visages, pastels secs et bâtonnets d'encre, 2018
De dos, pastels secs et bâtonnets d'encre, 2017
Danse avec lui*, pastels secs et bâtonnets d'encre, 2018
Ils courent, pastels secs et bâtonnets d'encre, 2018
Morcellement 1*, bâtonnets d'encre, 2017
Morcellement 2*, bâtonnets d'encre, 2017
La main de Dieu*, feutres, bâtonnets d'encre, 2017
La réunion des cœurs, pastels secs et bâtonnets d'encre, 2018
Abstrait colors, pastels secs, 2018
Trou noir, pastels secs, 2017
Abstrait tapisserie, pastels secs, feutres, 2018
Éclosion, pastels secs, bâtonnets d'encre, 2018
Éclosion de courbes, pastels secs, 2018
Éclosion de douceurs, pastels secs, 2018

Éclosion de spirales, pastels secs, 2018
Éclosion d'un œuf, feutres, pastels secs, 2018
Lévitation d'un œuf éclos, pastels secs, 2018
Parfum 1, pastels secs, bâtonnets d'encre, 2017
Parfum 2, pastels secs, bâtonnets d'encre, 2017

Pastels secs, bâtonnets d'encre et feutres 18,5 x 18,5 cm

Autoportrait 2, feutres, 2020
Masque de carnaval, feutres, 2018
L'homme aux lèvres bleus, pastels secs et bâtonnets d'encre, 2021
La femme aux cheveux bleus, pastels secs et bâtonnets d'encre, 2021
Elle, nue, pastels secs et bâtonnets d'encre, 2020
Sa belle, nue... pastels secs et bâtonnets d'encre, 2020
Ils avancent masqués sous les étoiles noires, feutres, 2020
Les couleurs de l'été, pastels secs et bâtonnets d'encre, 2017
La porte du salut, pastels secs, 2020

À PROPOS DE L'AUTEUR

Alice Mei Lan dessine à sa façon. Elle est aussi l'auteur de nombreux recueils de poésies originales, belles et sensibles. Elle a également écrit un roman (Académiques barbares), des récits ou des témoignages. Il lui arrive de produire des textes pour des amis musiciens professionnels. Elle sollicite parfois des amis illustrateurs ou peintres, pour accompagner ses projets poétiques.

www.ingramcontent.com/pod-product-compliance
Lightning Source LLC
Chambersburg PA
CBHW080515220526
45465CB00006B/2489